生前정리
생 전

어떻게 할 것인가?

부모님도 당신도 **행복해지는 방법!**

오오츠 타마미 지음
정 은실 옮김

이 책을 한국의 실정에 맞게

내용수정과 편집을 할 수 있게 해 주신

오오츠 타마미 대표님과

곁에서 늘 응원해 주고 아낌없이 지원해 준

남편 박광엽님에게

깊은 감사를 표합니다.

저자 서문

저는 그동안 많은 분들의 정리를 도와오며 만 건 이상의 사례를 처리해왔습니다.

이 과정에서 단순히 집안을 정리하는 것을 넘어, 유품 정리에 많은 시간을 투자했습니다.

그 경험을 통해 깨달은 것은 부모님이 돌아가신 후 집이나 방을 정리하는 일이 얼마나 어려운가 하는 점입니다.

실제로 이야기를 들어보면, 부모님의 집 정리를 「해야겠다고 생각은 하지만 바빠서…」라고 시작조차 하지 못하는 분, 부모님과 의견이 부딪치거나, 좀처럼 작업이 진행조차 되지 않거나 해서 짜증을 내는 분들이 적지 않습니다.

이런 고민을 충분히 이해합니다. 하지만, 이야기만 하는 동안에도 시간은 흘러가고, 부모님은 점점 나이를 먹으며 정리의 부담은 더욱 커집니다. 결국, 정리하지 못한 채로 부모님과의 이별을 맞이하게 되는 일이 빈번합니다.

유품 정리를 의뢰하시는 대부분이 이와 같은 경험을 공유하고 있습니다. 또한, 함께 정리를 진행하다 보면, 「이렇게 시간이 오래 걸릴 줄 알았다면 부모님이 계실 때 미리 정리를 해놓았을 텐데」라며 답답함을 토로하거나, 「어떻게 해야 할지 모르겠다」라며 혼란에 빠지는 분들도 계십니다. 그리고 「부모님과의 소중한 시간을 더 많이 가졌어야 했는데...」라며 부모님의 진정한 마음을 접하고, 후회하는 분들도 있습니다. 심지어 부모님을 그리워하며 눈물을 흘리는 분들도 있습니다.

그러나 때는 이미 늦고, 이러한 마음을 전하고 싶은 대상은 더 이상 존재하지 않거나 전할 수 없는 경우가 대부분입니다.

유품 정리는 그 과정이 괴로움이나 망설임, 가책을 느끼게 되는 어려운 일입니다. 또한 육체적으로도, 정신적으로도, 경제적으로도 상당한 부담이 될 수 있습니다.

하지만 이러한 힘든 마음은 「생전 정리」를 통해 해소할 수 있습니다. 부모님이 건강하실 때, 부모님 집을 치우고, 함께 정리하는 것이 중요합니다.

정리하는 것은 먼저 물건부터입니다. 물건이 줄어들면 실내가 깨끗해지고 동시에 마음도 산뜻하게 됩니다. 이제부터 살아

저자 서문

가기 위해 필요한 것 이외는 처분합시다.

다음은 마음의 정리입니다.

「저것도 하지 않으면 안돼, 이것도 하지 않으면 안돼」라고 일상에서의 번거로움에 쫓기며 힘들어하는 상황은 건강에 좋지 않습니다. 이런 번거로운 것들도 정리해 버립시다.

또한 부모자식 관계나 가족관계에 대해서도 다시 생각해봐야 합니다. 성인이 되어 있는 당신이라면 새로운 관계를 형성할 수 있을 것입니다. 이 책을 통해 앞으로 만들어져야 할 부모와 자식 관계를 함께 찾아봅시다.

저는 현재 「일반사단법인 생전정리보급협회」를 설립해 「생전을 전제로, 물건, 마음, 정보를 정리하는 것으로 행복한 마무리를 만들어간다」를 목적으로 하고 있습니다. 이 협회를 통해 「생전정리」의 사고와 실천 방법을 전하고 있습니다.

유품정리의 과정에서 괴로움을 겪는 유족분들을 많이 접해왔습니다. 저는 그들의 고통을 최대한 줄이고 싶은 마음을 가지고 있습니다. 이 책에서는 제 경험을 바탕으로 「부모님과 함께 시작하는 생전정리의 노하우」를 전달하고자 합니다.

정리하는 방법 뿐만 아니라, 언제 시작하는 것이 가장 적절한

지 그리고 생전정리를 마치고 난 후에 해야 할 일에 대해서 명확히 이야기 하고자 합니다. 이 책을 지침서로 활용해주세요. 생전정리는 부모님을 위한 것 뿐만 아니라 당신과 가족에게도 많은 이점을 가져다줍니다.

「생전정리」는 남겨진 인생을 보다 잘 살기 위한 「행동」입니다. 부모와 자녀 모두 좋은 삶을 살기 위해, 하루빨리 부모님 집 정리를 시작하는 것이 중요합니다.

오오츠 타마미

옮긴이 서문

저는 결혼과 함께 일본동경에서 10년을 넘게 거주했었습니다. 해외에서 거주하다보니 저의 유일한 소망은 부모님께서 임종하실 때 제가 곁에 있는 것이었습니다. 감사하게도 저의 소망대로 가장 사랑하는 친정 어머니가 돌아가실 때 곁을 지킬 수 있었고 마지막까지 함께 할 수 있었습니다.

그러나 친정어머니가 돌아가시고 난 뒤에 많은 후회가 있었습니다. 부모님 생전에 함께 한 시간들이 너무 부족했었고, 부모님의 상황에 대해서 더 많이 파악할 수 있었다면 불필요한 시간과 비용을 줄일 수 있었을 것이고, 또한 더 좋은 추억을 만들 수 있었을 것입니다. 저에게 있어서 어머니의 임종은 생전정리의 필요성을 절실하게 깨닫게 된 큰 계기가 되었습니다.

그 이후로 저는 고령화대책을 일찍 시작한 일본에서 생전정리와 관련된 책들을 접하고 관련자격증을 취득하면서 오오츠 타마미 선생님의 책을 알게 되었습니다. 이 책을 내가 미리 알았었더라면 더 빨리 더 많은 것들을 부모님과 공유하고 준비했었을 텐데..라고 생각을 했습니다.

생전(生前)정리라는 단어가 한국에서는 조금 생소할 수 있으나 생전에 미리 웰다잉을 준비한다는 의미로 생각하시면 책을 읽는데 도움이 되실 것입니다. 이 책이야 말로 웰다잉을 아직 준비하지 못하신 분들에게는 필독서라고 생각합니다. 한국의 많은 분들이 저처럼 후회하지 않도록 도움을 드리고자 이 책을 번역, 출판하게 되었습니다.

이제까지 가족을 위해 헌신하신 부모님을 안타까워 할 자녀분들과 가족을 위해 열심히 달려오신 부모님들에게 마지막을 후회하지 않는 지혜를 이 책에서 알려드리고 싶습니다.

자녀에게 있어서 부모님께 은혜를 갚을 수 있는 기회가 <바로 지금>이라는 것을 꼭 기억해주시기 바랍니다.

부모님의 웰다잉을 도울 수 있는 중요한 첫걸음.

바로 지금 시작하십시오.

宥松 정 은실

목차

차 례

제 1 장 부모님의 집 정리는 빠르면 빠를수록 좋다 …… 19

1. 정리를 시작하는 타이밍은 「지금」 …… 20
2. 부모님 집정리를 잘 하는 3가지 요령 …… 23
3. 최초의 첫 걸음은 당신 자신의 생전정리 …… 26
4. 소유자인 부모님의 기분을 소중히 합시다 …… 28
5. 치우는 것은 물건만이 아니다 …… 32

제1장 컬럼 유품정리와 생전정리는 이렇게 다릅니다 …… 34

제 2 장 정리의 시작을 이끄는 6가지 마법 …… 35

1. 마음의 준비부터 함께 합니다 …… 36
2. 꺼내는 타이밍은 「가족이 모일 때」 …… 38
3. 든든한 응원자임을 전한다 …… 40
4. 부모님의 의욕을 북돋는 3가지 말 …… 44
5. 부모님의 속도를 존중하며 조금씩 전진한다 …… 47
6. 부모님께 절대 하지 말아야 할 세 가지 말 …… 50

제2장 컬럼 치매에 걸린 어머니의 메시지 …… 53

제 ③ 장 부모와 자식이 함께 행복해지는 7단계 정리법 ············ 55

   1. 순서에 따라서 정리하는 것이 중요 ························· 56
   2. 1단계. 우선은 「물건」부터 정리한다 ······················· 58
   3. 2단계. 사진을 정리하여 인생을 되돌아본다 ················ 64
   4. 3단계. 부모님의 자서전을 작성한다 ······················· 69
   5. 4단계. 부모님 자신의 인생마무리를 함께 생각한다 ········ 74
   6. 5단계. 부모님의 앞으로의 인생을 생각한다 ················ 77
   7. 6단계. 부모님이 소중하게 여기는 사람들을 파악한다 ······ 80
   8. 7단계. 메시지를 전달한다 ································· 83
   제3장 컬럼 집안을 정리하면 가족관계도 좋아진다 ············ 85

제 ④ 장 「4가지 분류」로 집도 기분도 상쾌하게
      우선은 「물건」을 정리한다 ···························· 87

   1. 물건은 4가지로 분리하여 정리한다 ························ 88
   2. 버리지 못하는 물건 Top 3는 책, 의류, 종이류 ·············· 94
   3. 하나님, 부처님에 관련된 물건도 때로는 처분해야 할 때가 있다 ··· 99
   4. 취미로 쓰던 것은 다음 사람에게 양보한다 ················ 102
   5. 조상대대로 전해 내려오는 물건은 각별한 주의가 필요 ····· 105
   6. 큰 물건이야말로 과감하게 처분한다 ······················ 107
   7. 개인정보관련은 취급에 세심한 주의를 ···················· 109
   제4장 컬럼 중요한 것은 일찌감치 새 주인을 정해두자 ··· 112

목차

제5장 재산정리는 최강의 상속 갈등대책
다음으로「자산」을 정리한다 ········· 115

1. 부모님께는 많은「재산정보」가 있다 ········ 116
2. 자산은 부모님 인생의 발자취 ········ 117
3.「은행계좌 & 신용카드」는 적으면 적을수록 OK ······· 126
4. 장래를 위해 반드시 확인해두어야 하는「보험 & 연금」····· 130
5. 부채 정리는 마음의 부담을 덜어주는 것 ········· 135
6. 매달의 수입과 지출은 부모님의 현재를 알 수 있는 기회 ··· 138
7. 부모님의 미래를 지키기 위한 필수적인 암호, 비밀번호 관리 ··· 142
8. 가계도를 작성하여 상속 관계를 시각화한다 ········ 146
9. 유언장을 만들어 속마음을 형상화한다 ·········· 153

제5장 컬럼 전문적인 일은 전문가에게 맡기세요 ········· 157

제6장 앞으로의 내 인생에 다채로움을 더하는「엔딩 정보」
마지막 단계는「정보」를 정리하는 것이다 ········· 159

1. 알찬 삶을 살기 위해 들어두고 싶은「엔딩 정보」········ 160
2.「해 두었으면 좋았을 것」과 후회하지 않기 위해 해야 할 일 ····· 164
3. 주치의를 통해 부모님의 건강을 지원한다 ········ 167
4. 마지막까지 자기다워지기 위해 정해두고 싶은 장례식에 관한 일 ····· 171
5. 묘자리(납골) 장소를 미리 정해두면 마음이 한결 가벼워진다 ····· 176
6. 가족에 대한 희망을 들어둔다 ·········· 179

제6장 컬럼 무소식이 희소식인…것만은 아니다! ········ 180

제 7 장 정리 후, 더 나은 삶을 살기 위해 필요한 것들 ………… 183

  1. 남아 있는 시간을 의식한다 ………………………… 184
  2. 부모님께 감사의 마음을 전하고, 인생의 응원자가 된다 …… 186
  3. 부모님의 「소원목록 (버킷리스트) 일정표」를 만든다 … 188
  4. 부모님의 상황을 파악하는 「4가지 키워드」 …………… 189
  5. 리바운드를 막는 「쇼핑 5원칙」 ………………………… 192
  6. 부모님도, 당신도 「후회 없는 인생」을 살기 위해 …… 195

제 1 장

부모님의 집 정리는 빠르면 빠를수록 좋다

1. 정리를 시작하는 타이밍은 「지금」
2. 부모님 집정리를 잘 하는 3가지 요령
3. 최초의 첫 걸음은 당신 자신의 생전정리
4. 소유자인 부모님의 기분을 소중히 합시다
5. 치우는 것은 물건만이 아니다

제1장 컬럼 유품정리와 생전정리는 이렇게 다릅니다

제1장　부모님의 집 정리는 빠르면 빠를수록 좋다

➊ 1　정리를 시작하는 타이밍은 「지금」

여러분에게 질문 하나 드리겠습니다. 부모님이 「진심으로 소중히 여기는 물건」을 알고 계신가요? 최근 TV에서 흥미로운 실험을 진행한 적이 있습니다. 거리 인터뷰에서 부부를 대상으로 「상대가 가장 좋아하는 음식을 알고 있습니까?」라는 질문을 던졌는데, 대부분의 부부는 자신 있게 「물론, 알고 있어요!」라고 대답했습니다. 하지만 실제로 확인해보니, 그들의 답은 전혀 맞지 않았습니다. 이 실험은 우리가 상대방에 대해 알고 있다고 생각하는 것과 실제로 아는 것 사이에 큰 차이가 있음을 보여줍니다.

부모님이 소중히 여기는 물건 또 한 마찬가지입니다. 우리가 정말로 그들이 소중히 여기는 것을 알고 있는지, 혹은 그냥 지나쳐버린 건 아닌지 점검해 볼 필요가 있습니다. 부모님이 건강하실 때, 지금 이 시점에서 함께 생전정리를 시작하는 것이 중요한 이유입니다.

같이 살고 있는 부부들조차 서로가 진심으로 소중히 여기는 물건을 정확히 알지 못하는 경우가 많습니다. 하물며 떨어져

사는 부모님이 진정으로 소중히 여기는 물건을 우리가 알 수 있을까요? 현실적으로 「모르겠다」는 답이 더 사실적일 수 있습니다. 유품 정리 현장에서 자주 듣는 말 중 하나는 「무엇을 남기고, 무엇을 버려야 할지 모르겠다」는 것입니다.

많은 사람들은 수많은 물건에 둘러싸여 살고 있습니다. 겉보기엔 깔끔하게 정리된 방일지라도, 정리를 시작하면 작은 것들이 쏟아져 나옵니다. 「어디서부터 손을 대야 할지 모르겠다」며 난감해하거나, 「부모님의 모습이 떠올라서 버리지 못하겠다」고 말하는 경우도 많습니다. 그러나 모든 것을 다 남길 수는 없습니다. 그렇다면 부모님이 정말 소중히 여기는 물건을 간직하고 싶지 않으신가요? 이를 알아내는 가장 좋은 방법은 부모님께 직접 묻는 것입니다. 그렇기 때문에 부모님과 함께 생전 정리를 시작하는 것이 가장 현명한 해결책입니다.

부모님이 건강하실 때, 소중한 물건이 무엇인지 물어보는 것이 죽음을 준비하는 것처럼 보일 수 있습니다. 실제로 강연이나 세미나에서 비슷한 질문을 자주 받습니다. 많은 분들이 착각하는데, 생전 정리와 죽음의 준비는 비슷하지만 본질적으로 다릅니다. 생전 정리에서도 천국으로의 여행이나, 여행을

제1장　부모님의 집 정리는 빠르면 빠를수록 좋다

떠난 후의 것들에 대해 생각할 수 있습니다. 하지만 생전정리는 어디까지나 지금부터 더 나은 삶을 살기 위한 과정입니다.

그것은 「남은 인생을 얼마나 충실하게 살 것인가」를 생각하기 위한 것 입니다.

따라서 부모님이 건강하실 때, 인생을 즐길 충분한 시간이 남아 있을 때 시작하는 것이 중요합니다.

시간이 지나면 지날수록 생전정리는 점점 더 어려워지고 부모도 힘든 상황이 될 수 있습니다. 왜냐하면 부모님이 나이를 드시기 때문입니다. 나이드시게 되면 체력과 기력이 약해지고 무엇을 해도 귀찮아지기 마련입니다. 부모님의 생전 정리를 돕는 당신에게도 마찬가지입니다.

가장 젊은 것은, 바로 지금입니다.

부모님과 자녀 모두가 건강할 때 생전정리를 시작합시다.

2 부모님 집정리를 잘 하는 3가지 요령

부모님의 생전 정리를 하기로 마음먹었다면 진심으로 임합시다. 진심을 다하지 않아서 앞으로 전진할 수 없다 할지라도, 팔을 걷어붙이고, 성급하게 행동하는 것은 좋지 않습니다. 부모님은 그 기세에 눌려 좌절로 이어지기 쉽기 때문입니다. 여기서 말하는 「진심」이란 구체화를 시키겠다는 의미입니다. 즉 하나하나 모양을 만들어 간다는 것 입니다. 가장 먼저 구체화해야 할 것은 「언제까지 끝낼것인가」라고 하는 목표(goal)입니다.

생전 정리는 오늘 시작해서 내일 끝나는 일이 아닙니다. 상황에 따라 진행 방법은 달라질 수 있지만, 대체적으로 「반년에서 1년」에 걸쳐 천천히 진행하는 것이 좋습니다. 마라톤처럼, 처음부터 너무 빠르게 달리면 곧 지치고 말겠죠. 무엇이든 급하게 서두르는 것은 금물입니다. 우선은 느긋하게 스케줄을 세우세요. 「반년 안에 끝내자」라고 목표를 세우고, 그 후 부족하다면 다시 반년을 더 할 수 있습니다.

중요한 것은 계속해서 전진하는 것입니다. 걸음이 느리더라도 멈추지 않으면 목표에 점점 더 가까워질 수 있습니다.

「오늘은 여기까지 하고 내일 하자」는 것은 발을 멈추는 것과 같습니다.

초조하거나 급하게 서두르지 말고, 발걸음을 멈추지 않도록 하세요. 일정한 속도를 유지하며 차근차근 나아가세요. 계속해서 「언제, 어떻게 생전정리를 할 것인가」를 구체화합니다.

다음의 3가지 포인트를 의식하면, 생전정리가 보다 부드럽게 진행됩니다.

1. 다른 스케줄과 세트로 진행한다.

부모님댁에 얼굴을 비출 수 있는 기회를 활용하세요. 예를들어, 병원에 동행하거나 손주의 얼굴을 보여드리러 가는 김에 생전정리를 조금씩 진행해 가는 것입니다. 그러면 「일상의 연장」이라는 형태로 생전정리가 습관화됩니다.

2. 1회당 약 1시간을 명심한다.

생전 정리를 할 때는 1회당 45분에서 1시간 정도를 기준으로 진행합시다. 하루에 진행하는 횟수는 2회까지 총 1시간반에서 2시간입니다. 「조금 더 할 수 있다」고 생각할지도 모르지만,

끈기있게 열심히 하게 되면 지쳐 버립니다. 특히 부모님은 당신보다 더 지쳐버린다는 것입니다. 휴식을 취하며 천천히 진행해 주세요.

3. 완벽을 요구하지 않는다.

완벽을 추구하면「작업한 부분」보다「작업하지 않은 부분」에 더 눈이 가게 되고, 해도 해도 달성감이나 만족감을 얻지 못하고, 짜증이 생깁니다. 이 짜증은 동작이 느린 부모님에게로 향합니다. 부모 입장에서는 정말 억울한 일입니다. 부모님도 의욕이 사라져버립니다. 짜증을 내서 좋을 것은 없습니다. 완벽함을 요구하지 않도록 합시다.

생전정리를 순조롭게 해내는 요령은「최선을 다하되 너무 완벽하게 하려 들지 말고 여유롭게」하는 것입니다. 정말 따뜻하고, 느슨한 속도로, 초조해하지 말고, 멈추지 말고, 조금씩, 확실하게 진행해 나아가도록 합시다.

제1장　부모님의 집 정리는 빠르면 빠를수록 좋다

3 최초의 첫 걸음은 당신 자신의 생전정리

　부모님의 집 정리에 착수하기에 앞서 해주었으면 하는 것이 있습니다. 그것은 당신의 생전정리입니다. 당신의 생전정리를 마치고 부모님께 권하는 것과 당신은 손도 대지 않았는데 부모님께만 권하는 것과는 부모님의 반응도 전혀 다릅니다. 천양지차라고 해도 좋겠죠.

　실제로 직접 해보면 알게 되겠지만, 생전정리에는 어려운 부분도 있고, 동시에 기쁨도 많이 있습니다. 불필요한 물건을 대량으로 쌓아두고 있었던 자신에게 깜짝 놀라거나, 소중히 여기던 물건이 서랍의 안쪽에서 너덜너덜해져 나와서 아연실색하기도 합니다.

　이러한 일을 극복하면서 생전 정리를 진행하다 보면, 이윽고 기분이 상쾌해지고, 인생을 긍정적으로 파악할 수 있게 됩니다.

　생전 정리를 통해 맛보는 고생이나 힘듦. 그 전에 기다리고 있는 성취감이나 만족감이나 행복감. 그 하나 하나를 경험했기 때문에 확신을 갖고 생전정리의 장점을 이야기하거나 구체적인 조언을 할 수 있고, 그런 당신으로부터의 말이니까 부모님도 믿고, 임하려고 하는 마음이 들게 될 것입니다. 당신 자신이 생전정리를 경험하고 그 경험을 전하는 것이 부모님을 궁금하게 만드는 가장 **빠른** 길이 되는 것입니다.

부모님에게 생전정리를 권할 때, 보다 납득하기 쉬운 것은 「진행되고 있는 상황의 사진」입니다. 물건이 넘쳐있는 방이 깨끗하게 정리되어 가는 과정은 반드시 찍어둡시다.

「보세요, 저렇게 어질러져 있던 방이 이렇게 깔끔해졌어요」라고 사진을 보여줌으로써 강요하는 것 같지 않은 설득력이 생깁니다. 그것을 보면, 「나도 해볼까」라고 부모님도 꼭 말씀해 주실 것입니다.

제1장　　　　부모님의 집 정리는 빠르면 빠를수록 좋다

➔ 4　소유자인 부모님의 기분을 소중히 합시다

　부모님께 생전정리를 권할 때에, 절대로 지켜야 할 세 가지가 있습니다. 각각, 이야기를 나눠보도록 하겠습니다.

1. 설득이 아니라 납득시키는 것

　사람들은 타인이 억지로 권하면 반발하게 됩니다. 반면, 납득할 수 있으면 스스로 행동을 취하려고 합니다. 무엇인가를 권할 때, 사람은 무심결에 설득조가 되기 쉽습니다. 설득은 상대를 굴복시키는 뉘앙스를 띠게 되기 때문에, 부모님은 강요처럼 느끼실 수 있습니다. 이렇게는 시작할 수 없습니다.

　부모님이 자연스럽게 이해하고 동의하실 수 있도록 납득할 수 있는 이유와 과정을 설명하여 부모님께서 스스로 행동을 하실 수 있도록 하려면, 필요성을 실감하는 것이 소중합니다.

　「안전」과 「손주」를 키워드로 하면서 이야기하는 것이 효과적입니다.

　「집안에 물건이 넘쳐나면 청소가 귀찮아지고, 공기도 탁해지게 되죠.」

「계단에 물건이 있으면, 발이 물건에 걸려 넘어질까봐 걱정이에요..」

「○○(손주이름)이가 마음 놓고 놀러 올 수 있는 집으로 해볼까요?」

생전정리를 하면, 집 안이 부모님에게도 손주에게도 안전한 공간이 되는 것을 전해드립시다. 소중한 손주, 그리고 자신과 가족을 위한 일이라고 생각하면, 부모님도 납득하시기 쉬워집니다.

2. 물건에 대한 가치관의 차이를 이해할 것

물건을 소유하는 것에 대한 가치관은 사람마다 다른 것은 당연하지만, 세대에 따라서도 크게 다릅니다.

각각 다른 가치관을 가지고 있는 사람끼리「정리」에 임하는 것이기에 순조롭게 진행되는 것만이 아닙니다. 서로 양보하고 이해하며 접근하는 것이 중요합니다. 세대에 따라 어떤 특징이 있는지 알아두도록 합시다.

제1장   　　　**부모님의 집 정리는 빠르면 빠를수록 좋다**

40대 이하   물건을 가급적 가지지 않는, 심플한 생활이 표준입니다. 방이나 자동차를 공유하는 것에 저항감을 느끼지 못하는 사람이 많습니다.

50~60대   올바르게 물건을 소유하는 것이 중요합니다. 말하자면 「자신에게 필요하다고 생각하는 것」으로 생활하는 가치관을 가지고 있습니다. 친환경 의식이 높습니다.

70대 이상   「물건이 많이 있는 것 = 풍요」라는 가치관을 길러 온 세대입니다. 戰後의 가난한 시절, 물건이 많은 것에 그다지 거부감을 느끼지 않습니다.

3. 「지금, 시작하지 않으면 후회한다」 라는 위기감을 가지고 있을 것

좀처럼 부모님이 납득해 주지 않거나, 시작은 했지만 여러 가지 귀찮음이나 트러블이 있거나 해서, 「이런 생각을 하면서까지 하고 싶지 않다」라고 하셔서 의지가 꺾일 수 있습니다.

부모님의 집 정리는 주인인 부모님의 마음이 중요합니다.

당신의 가치관을 일방적으로 강요하는 것은 피하세요. 서로의 물건을 소유하는 방법에 대한 생각이 다르다는 것을 의식해서 하나 하나 진행해 나가도록 합시다.

부모님의 집을 정리하는데 있어서 지켜야 할 3가지

1. 설득이 아니라 납득시키는 것
2. 물건에 대한 가치관의 차이를 이해할 것
3. 지금, 시작하지 않으면 후회한다는 위기감을 가지고 임하기

참자 참자

이것은 소중한 물건이니까

제1장   **부모님의 집 정리는 빠르면 빠를수록 좋다**

➡ 5 치우는 것은 물건만이 아니다

지금까지 우리는 주로 「물건」의 정리에 대해 이야기했지만, 생전정리는 물건만의 정리가 아닙니다. 물건 외에도 다양한 것들을 정리해야 합니다. 생전정리는 사실 인생의 「재고정리」라고 할 수 있습니다.

물건뿐만 아니라 자산, 정보, 추억 등을 하나하나 정리하면, 그 사람의 삶이 더욱 명확해집니다. 이를 통해 자신이 걸어온 인생의 흔적을 되새기고, 만났던 사람들, 느꼈던 감정, 겪었던 일들을 돌아볼 수 있습니다. 자신의 인생을 돌아보는 과정은 긍정적으로 받아들이는 데 큰 도움이 됩니다.

사실, 지금까지 많은 분들의 인생 재고정리를 도왔습니다. 그 결과, 모든 분들이 「자신의 인생은 꽤 괜찮은 인생이었다」는 것을 깨닫고, 나머지 인생을 더욱 활기차고 즐겁게 살아가고 있습니다. 아마 여러분과 부모님도 생전정리를 통해 자신들의 삶을 돌아보며 많은 것을 느끼게 될 것입니다.

또한, 생전정리는 당사자뿐만 아니라 가족을 포함한 주변 사람들도 행복하게 만듭니다. 이는 생전정리와 죽음에 대한 준비 사이의 결정적인 차이점입니다.

    생전정리를 마친 후, 눈앞에 펼쳐지는 것은 「가능성 가득한 인생」입니다. 기쁨이 넘치는 하루 하루가 여러분과 부모님을 기다리고 있습니다.

column 1
유품정리와 생전정리는 이렇게 다릅니다

최근 유품정리를 둘러싼 문제가 급증하고 있습니다. 일부 업자들이 고가의 귀중품을 유품으로 분류해 팔거나 과도한 작업비용을 청구하는 등의 부정행위를 일삼고 있으며, 이로 인해 피해를 입은 사례들이 신고되고 있습니다. 유품정리는 시간적 제약이 따르기 때문에 예기치 않은 어려움이 생길 수 있으며, 고통스러운 과정을 겪게 됩니다. 반면 생전정리는 여유를 가지고 진행할 수 있고, 감정적으로 준비된 상태에서 시작할 수 있어 「마지막 준비」가 아닌 「더 나은 삶을 위한 준비」로 접근할 수 있습니다.

부모님의 집이 임대라면 인도 기일까지 정리를 마쳐야 하며, 정리 기간 중에도 임대료가 계속 발생합니다. 자가의 경우 월세 걱정은 없지만, 방치하면 수리할 곳이 늘어나고 상속이 지연될 수 있습니다. 이 때문에 많은 분들이 어쩔 수 없이 업체에 의뢰하게 되지만, 그 중 일부는 악덕한 방법을 사용해 트러블을 일으키기도 합니다.

반면, 생전정리는 시간적 제약이 없고, 되도록 빠르게 진행하는 것이 좋지만 스스로 정리할 수 있기 때문에 업체에 의존할 필요가 없습니다. 또한 비용도 훨씬 적게 들고, 부모님과 함께 정리하며 그동안 몰랐던 이야기들을 나누다 보면 부모님에 대해 더 알게 되고, 앞으로의 인생을 어떻게 맞이해야 할지에 대해서도 깨닫게 됩니다. 이 과정을 통해 새로운 추억을 함께 쌓아가세요.

제 2 장

정리의 시작을 이끄는 6가지 마법

1. 마음의 준비부터 함께 합니다
2. 꺼내는 타이밍은 「가족이 모일 때」
3. 든든한 응원자임을 전한다
4. 부모님의 의욕을 북돋는 3가지 말
5. 부모님의 속도를 존중하며 조금씩 전진한다
6. 부모님께 절대 하지 말아야 할 세 가지 말

제2장 컬럼 치매에 걸린 어머니의 메시지

제2장　　정리의 시작을 이끄는 6가지 마법

➊ 1 마음의 준비부터 함께 시작합니다

　부모님과 그동안 정리에 대해 이야기한 적이 없다면, 갑자기 「집 정리를 하려고 하는데 시간 내세요!」라고 말하는 것은 부모님에게 큰 놀라움을 줄 수 있습니다. 이럴 경우, 부모님은 「무슨 뜻이지? 죽음을 준비하라는 건가?」라며 혼란스러워할 수도 있습니다.

　이런 상황에서는 정리를 시작하기가 어려울 것입니다. 또한, 부모님이 정리의 필요성을 느끼더라도, 그들이 직접 행동으로 옮기지 않으면 일이 진전되지 않을 수도 있습니다.

　부모님께 생전정리를 제안할 때, 너무 강하게 말하면 반감을 사거나 의욕을 잃게 만들 수 있습니다. 여러분도 누군가에게 지적을 받아 화가 나거나 의욕을 잃은 경험이 있지 않으셨나요? 그런 방식으로 접근하면 오히려 부정적인 반응을 초래할 수 있습니다.

　그래서 부모님의 마음의 준비를 함께 하는 것이 중요합니다. 부모님과 대화할 때는 생전정리가 특별한 일이 아니라는 점을 강조하는 것이 좋습니다. 예를 들어, 「예전에 TV에서 봤

는데」라는 식으로 자연스럽게 이야기를 시작하거나, 관련된 책이나 잡지를 보여주는 것도 좋은 방법입니다. 많은 사람들이 관심을 갖고, 다루고 있는 주제이므로 부모님도「나도 해볼까?」라는 생각을 가지게 될 것입니다.

또한,「처음에는 힘들었지만, 해보면 기분이 매우 상쾌해지고 하루하루가 즐거워졌어요」라는 실천자의 이야기를 공유하면 부모님에게 흥미를 유발할 수 있습니다.

이런 실제 경험담을 들으면 부모님도 정리를 시작하는 것에 대한 부담감을 덜고, 긍정적인 이미지를 떠올릴 수 있을 것입니다. 그 후에「조금씩이라도 같이 해보시겠어요?」라고 제안하면 강요되지 않으면서도 자연스럽게 접근할 수 있습니다. 이렇게 말하면 부모님도 부담 없이 고개를 끄덕이게 될 가능성이 큽니다.

결국, 부모님의 집 정리는 그들의 의욕에 달려 있으므로 조급하지 않고 자연스럽게 다가가는 것이 중요합니다.

2 꺼내는 타이밍은 「가족이 모일 때」

생전정리의 이야기를 꺼내는 타이밍은 매우 중요합니다. 제가 추천하는 가장 적절한 타이밍은 추석, 설날, 연휴와 같은 가족이 모이는 시기입니다. 예를 들어, 추석은 조상님을 기리고 제사를 올리는 때로, 가족들이 한자리에 모여 서로의 생각을 나누는 시기입니다. 이때 부모님은 자신의 가치관과 앞으로의 계획에 대해 다시 한 번 고민하게 됩니다.

또한, 산소 앞에서「언젠가는 나도 여기에 들어가겠지」또는「아이들은 성묘에 제대로 올까」같은 생각을 하며, 자연스럽게 생전정리에 대해 생각하게 될 수 있습니다.

바꿔 말하면, 이 시기는 부모님이 남은 시간을 의식하는 시점이기 때문에, 자연스럽게 생전정리를 시작하자는 제안이 받아들여지기 쉬워집니다.

설날은 새해의 시작으로, 긍정적인 분위기가 흐르는 시기입니다.「1년 계획은 설날에 있다」는 말처럼, 새로운 목표를 설정하기에 매우 적합한 시기입니다. 이 때「새로운 한 해를 더 잘 보내기 위해서라도 생전정리를 시작하자!」와 같은 말을 꺼내면, 생전정리를 하나의 중요한 목표로 삼는 것이 자연스럽게 다가올 수 있습니다.

연휴 기간은 가족과 함께 시간을 보낼 수 있는 좋은 기회입니다. 며칠 며칠 집중적으로 진행할 수 있어서, 본가에 있는 동안에 생전정리의 효과를 볼 수 있습니다.

물론, 이 시기 외에도 언제든 가능합니다. 본가에 방문하여 부모님과 이야기를 나누면서 「지금이라면 자연스럽게 말을 꺼낼 수 있을 것 같다」는 생각이 들면, 그 타이밍을 놓치지 말고 바로 제안해보세요.

3 든든한 응원자임을 전한다

부모와 자식 간의 대화는 종종 직설적이고, 때로는 감정이 격해져 거친 말이 오갈 수 있습니다. 부모님의 건강이나 삶에 대한 걱정으로, 의도치 않게 부모님을 비판하거나 부정적인 말을 할 때가 있습니다.

하지만 생전정리를 제안할 때는, 그런 방식으로 접근하면 부모님의 의욕을 떨어뜨리고 대화가 실패할 수 있습니다. 적절한 타이밍에 생전정리를 이야기하더라도, 표현 방식이나 어조가 부적절하면 반감만 살 수 있습니다.

부모님을 격려하고 응원하는 자세가 중요합니다. 이때 필요한 것은 「듣는 방법」과 「말하는 방법」에 대한 소통 노하우입니다. 이를 「생전정리 코칭법」이라 부르며, 실제로 이 방법을 활용하면 부모님이 긍정적인 마음으로 생전정리에 동참할 수 있도록 이끌 수 있습니다.

1. 경청

부모님의 이야기를 진지하게 귀 기울여 듣는 것은 생전정리를 위한 첫 번째 단계입니다. 부모님의 생각과 감정을 존중하며, 그들의 말을 수용적으로 받아들이고 공감하는 자세를 유지하는 것이 중요합니다.

2. 인정

부모님의 존재와 그들의 경험을 온전히 받아들이는 자세가 필요합니다. 생전정리 과정을 진행하면서 부모님의 변화와 성장을 인정하고, 그들의 성과에 대해 긍정적인 피드백을 주는 것이 부모님에게 자신감을 심어줄 수 있습니다.

3. 질문

부모님의 생각이나 요구를 더 명확히 이해하기 위해 질문을 적극적으로 활용해야 합니다. 부모님은 질문에 답함으로써 자신이 무엇을 원하고, 무엇을 해야 하는지 스스로 깨닫게 될 수 있습니다. 이 과정을 통해 부모님이 주도적으로 정리 작업에 참여하도록 유도할 수 있습니다.

제2장 정리의 시작을 이끄는 6가지 마법

    이 세 가지 기술을 활용하면 부모님이 생전정리의 중요성을 자연스럽게 이해하고, 시작해야 할 필요성도 인식하게 됩니다. 예를 들어, 아래와 같은 대화를 통해 부모님에게 부드럽게 다가갈 수 있습니다

> 자녀 : 최근에 수납정리나 생전 정리에 관한 프로그램들이 많아졌더라구요
>
> 부모 : 필요하긴 하겠지만, 나이가 들면 의욕이 안 나서…
>
> 자녀 : 그렇죠. 정리하는 게 정말 힘든 일인 것 같아요… (경청)
>
> 부모 : 너희들한테도 피해 주고 싶지 않아서…
>
> 자녀 : 그 마음 정말 고맙고, 저희들 생각해주셔서 감사해요.
> (인정)
>
> 부모 : 그건 그렇지. 당연한 거지
>
> 자녀 : 혹시 우리가 도와드릴 수 있는 일이 있을까요? (질문)
>
> 부모 : 글쎄… 그러고 보니 벽장 안에 무거운 상자가 있어서 좀 힘들었어. 부탁할 수 있을까?
>
> 자녀 : 알겠어요. 뭐든지 도와드릴게요, 말씀만 해주세요

물론, 모든 것이 순조롭지 않을 수 있습니다. 부모님도 자신만의 생각이 있으시니 그것은 당연한 일입니다. 여러 차례 말씀을 드리다보면 부모님도 여러 생각을 하시고, 「해보면 어떨까?」라는 생각이 들게 됩니다. 참을성을 가지고 여러 차례 말하는 것으로, 부모님도 생각을 하고 결심할 수 있도록 도와드리세요. 하지만, 「이미 알고 있으면서 왜 시작하지 않았어요? 이해가 안 가네요」와 같이 비판적인 말은 삼가주세요.

4. 부모님의 의욕을 북돋는 3가지 말

부모님께 생전정리를 제안했지만, 좀처럼 쉽게 진행되지 않거나 시작한 뒤에도 잘 이어지지 않는 경우가 있을 수 있습니다. 이럴 때 부모님의 의욕을 북돋아줄 수 있는 한 마디가 큰 도움이 됩니다.

부모님의 의욕을 북돋는 데 특히 효과적인 세 가지 말을 소개해 드리겠습니다.

그 기분, 알아요

당신이 정리의 이야기를 하면, 부모님이 생전 정리를 시작했지만 진행이 더딜 때, 여러 가지 변명을 하시며 의욕을 잃을 수 있습니다.

이럴 때는 부모님의 말을 경청하고, 그 마음을 이해해 드리세요. 「그 기분, 알아요」라고 말하여 부모님의 마음을 안정시켜드리면, 부모님도 다시 한번 노력해보고자 하는 용기를 낼 것입니다.

언제나 감사해요

또한, 부모님께「언제나 감사해요」라는 말을 전하면, 부모님은 더욱 힘을 내서 정리에 참여하려는 마음을 가게 될 것입니다.

부모님은 자녀에게 불편을 끼치고 싶지 않다는 마음에,「자녀에게 번거로움을 주는 것보다는 아예 하지 않는 게 낫지 않을까」라고 생각하면서 손이 멈추는 경우가 종종 있습니다.

「항상 감사해요」라는 말을 전함으로써, 부모님은 자신이 자녀에게 도움이 되고 있다는 느낌을 받을 수 있습니다. 이는 정리뿐만 아니라 어떤 상황에서도 유효한 말이므로 자주 전해주는 것이 좋습니다.

응응 (미소)

정리가 시작되더라도 부모님이 추억의 물건을 찾거나 그 처분 방법을 고민하며 이야기에 몰두하는 경우가 많습니다. 이럴 때「그 이야기, 전에도 들었어」라고 말하기보다는, 몇 번이라도 다시 들어 드리세요. 반복해서 이야기를 하는 것은 부모님에게 중요한 일이므로, 그 이야기를 소중히 받아들이고 있다는

제2장 정리의 시작을 이끄는 6가지 마법

마음을 웃는 얼굴로 표현해주세요.

또한, 부모님의 의욕이 정리의 성공을 결정짓는 중요한 요소이므로, 「의욕을 일으키는 말」을 통해 부모님의 동기를 끌어올리는 것이 중요합니다.

추가로 유용한 말들은 아래에서 소개하고 있습니다. 부모님의 의욕이 정리성공의 큰 열쇠가 됩니다. 「의욕을 불러일으키는 단어」를 사용해서 부모님의 의욕을 잘 이끌어 드리세요.

부모님에게 「의욕」을 북돋는 말

집이 점점 깨끗해지네요.
괜찮아요! 무조건 할 수 있을 것 같아요.
저도 도울께요.
역시 엄마(아빠)!
느낌이 좋네, 느낌이.
같이 하자, 같이.
대박!
깜짝 놀랐어요.

→ 5 부모님의 정리 속도를 존중하며 조금씩 전진한다

생전 정리의 장점을 부모님에게 전달하고 그들이 의욕을 보였다고 하더라도, 상황이 항상 순조롭게 진행되지는 않을 수 있습니다.

부모님의 정리 속도의 느림. 아마 당신의 생각처럼 순조롭게 진행되지 않기 때문에, 초조해하거나 마음이 불편해질 수 있습니다. 그 마음, 너무 잘 알고 있어요.

하지만 중요한 것은 당신의 마음을 자제하시고, 부모님의 속도를 존중하고 부모님의 입장에서 생각하는 것입니다. 당신보다 연세가 더 드신 만큼 체력도 떨어지고 있고, 끈기가 계속되지 않는 것은 당연한 일이기 때문입니다.

이 시점에서의 마음가짐으로 세 가지를 기억해두세요.

1. 기다릴 것

처리 속도가 느려지는 것에는 여러 가지 생각이 있을 수 있지만, 이를 단순히 「그러려니」하고 받아드릴 수 밖에 없습니다. 생전 정리를 할 때는 추억이 깃든 물건을 정리해야 하므로,

부모님도 그 물건을 보며 추억에 잠기기 쉽고, 이로 인해 시간이 더 걸릴 수 있습니다. 하지만 점차 요령을 익히고 반복적으로 시도하다 보면, 부모님의 처리 속도도 조금씩 빨라질 것입니다. 그때까지 차분히 기다려 주세요.

2. 믿을 것

사람은 믿음을 받으면 그 기대에 부응하는 경향이 있습니다. 부모님도 여러분이 믿어 드리면 그에 보답하려고 노력할 것입니다. 그러나 반대로 믿음을 주지 않는다면, 부모님은 「어차피 할 수 없다」고 생각하여 의욕을 잃을 수 있습니다.

또한, 당신이 부모님의 부족한 부분에만 눈이 가서, 「역시 할 수 없으시군요」 또는 「할 마음이 있어요?」라는 생각을 가지게 될 수 있습니다. 비록 말로 표현하지 않더라도 이런 생각이 태도에 묻어나게 되어 부모님에게 전해집니다.

부모님이 열심히 노력하고 있음에도 불구하고 비난을 받으면 기분이 상할 수 있습니다. 부모님을 믿고, 부모님이 반드시 해낼 것이라고 확신합시다.

3. 계속할 것

생전 정리는 하루 만에 끝나는 일이 아닙니다. 쉬엄쉬엄 해도 좋으니, 어쨌든 계속하도록 격려를 아끼지 말아야 합니다. 아무리 적은 양이라도 한 만큼, 목표에 가까워지고 있다는 사실을 계속해서 상기시켜 주세요.

부모님은 연세가 드실수록 체력이 약해지기 때문에, 의욕이 있어도 도중에 지치거나 던져버리고 싶어지거나 할 수도 있습니다. 그런 상황에서 계속해서 격려하고 지지해 주는 것이 필요합니다.

부모님이 지치거나 포기하고 싶어하는 모습이 보일 때는 「뭔가 도와드릴 일이 있나요? 뭐든지 말씀하세요」라고 상냥하게 말을 건네세요. 그 한마디가 부모님께 「조금 더 힘내자」라고 의욕을 불러일으키는 계기가 됩니다. 언제든지 부모님의 응원자가 되어주세요.

제2장　　　**정리의 시작을 이끄는 6가지 마법**

● 6　부모님께 절대 하지 말아야 할 세 가지 말

부모님을 믿기로 결심했지만, 때로는 짜증이 나기도 합니다. 그럴 때 무심코 나온 한 마디가 부모님의 마음에 상처를 줄 수 있습니다. 이런 말들이 나오면, 그동안 함께 해 온 노력이 무의미해질 수 있습니다. 부모님께 절대로 해서는 안 되는 말들이 있습니다.

죽으면 누가 치울 것 같아?

이 말은 너무 이기적이고 감정적으로 전달될 수 있습니다. 「귀찮은 일을 떠맡기면 견딜 수 없다」는 생각에서 나오는 말은 부모에게 큰 부담을 줄 수 있습니다. 이런 말을 하면 부모는 자녀가 자신을 이해하지 못한다고 느끼고, 의욕을 잃을 수 있습니다.

빨리 치워요!

짜증이 나서 나오는 「빨리」라는 말은 부모님에게 재촉으로 들릴 수 있습니다. 이는 부모님이 더 늦어지고 있다는 압박을 느끼게 할 수 있으며, 정리 작업이 더 힘들어질 수 있습니다.

이젠, 멋대로 버릴 거야!

이 말은 위협적으로 들릴 수 있습니다. 당신에게는 단순한 물건일지 몰라도, 부모님에게는 추억이 담긴 소중한 물건일 수 있습니다. 이러한 말은 부모님에게 큰 상처로 다가갈 수 있습니다.

작업이 진행되지 않는 상황에서 「버린다」는 말은 과격하게 들릴 수 있습니다. 대신, 「내버려두다」라는 표현을 사용하여 상황을 부드럽게 처리하는 것이 좋습니다.

또한, 「재활용에 내놓는다」 또는 「누군가에게 양보한다」라는 표현을 활용하면, 물건을 더 쉽게 정리할 수 있도록 유도할 수 있습니다.

또한, 「다음에 사용할 사람이 있을 거라 생각하면 더 수월하게 결정할 수 있다」는 점을 강조하면 도움이 됩니다.

부모와 자식 간에 솔직한 대화는 자연스럽지만, 때로는 가벼운 말 한마디가 부모님의 감정에 큰 상처를 줄 수 있습니다. 이러한 감정적 갈등을 피하기 위해서는 「절대 해서는 안 되는

제2장 정리의 시작을 이끄는 6가지 마법

말」을 피하는 것이 중요합니다.

추가로 조심해야 할 표현에 대해 아래 표에서 안내 드리겠습니다. 방심하지 않도록 주의하시기 바랍니다.

부모님의 의욕을 빼앗는 말들

1. 정말로 칠칠치 못하다니까…
2. 쓰레기 집 아니야?
3. 이런 곳에 아이를 데려올 수 없어요.
4. 부끄럽다고 생각하지 않으세요?
5. 쓰레기뿐이잖아요.
6. 한다고 한다고 하더니, 말로만 하는 거 아니에요?
7. 어쨌든 버려요.
8. 도대체 왜 안 되세요?
9. 이제 다 버리면 어때?
10. 그럴 필요 없잖아.

column 2
치매에 걸린 어머니의 메시지

얼마 전, 치매로 인해 80대 어머님이 요양시설에 입소하시면서 친정 집 정리를 도와달라는 요청을 받은 50대 후반의 아들이 있었습니다. 정리를 시작하자 여러 곳에서 여행 안내 책자들이 나왔고, 그 안에는 숙박시설과 관광 명소들이 손글씨로 체크되어 있었습니다.

아들에게 그곳을 다녀온 적이 있는지 물어봤으나, 그는 그런 적이 없다고 했습니다. 더 놀라운 것은 어머님이 친구들과 함께 여행을 즐기지 않으셨다고 하셨다는 점이었습니다. 아들은 「어떻게 된 일일까?」라며 혼란스러워했습니다.

뭔가 중요한 의미가 있는 것 같아, 저는 다시 한 번 어머니의 글을 읽어보았습니다. 「앗」 이유를 알아차린 저는 그만 소리를 지르고 말았습니다. 「그렇구나, 그랬구나!」 다른 팜플렛의 내용도 혹시나 해서 다시 확인했지만, 역시 다르지 않았습니다. 그 후, 옆방에서 작업 중이던 아들을 불러왔습니다. 「어머니는 아들과 함께 가고 싶어서 체크를 하셨던 것 같아요. 이 팜플렛을 보여주며 「함께 가자」고 그렇게 말하고 싶었던 게 아닐까요?」 그렇게 말하며 팜플렛을 건넸고, 아들은 급히 페이지를 넘기며 눈시울이 붉어졌습니다. 저는 그가 감정을 드러

column 2

내지 않도록, 눈치채지 못한 척 다시 작업을 시작했습니다.

아드님은 그 후 방 안의 팜플렛을 모두 확인한 것 같았습니다. 비록 어머니와 함께 직접 정리를 할 수는 없었지만, 어머니의 마음과 삶의 방식에 대해 깊이 이해할 수 있는 기회가 되었습니다. 정리 도중 아드님은 여러 번 눈물을 흘리며, 어머니의 생각과 감정으로 가득 찬 채 마음 속 깊이 아픔을 느꼈을 것입니다. 아드님이 사용하던 방은 그대로 남아 있었고, 이는 어머니가 아들을 여전히 사랑하고 있다는 증거였습니다.

아마도 어머니는 아들이 본가로 돌아오기를 간절히 바랐을지도 모릅니다. 생전 정리는 부모의 마음을 이해하고, 그들과의 관계를 새롭게 돌아볼 수 있는 소중한 기회를 제공합니다. 정리 후, 부모와 자식 간의 관계를 다시 되돌아보거나, 그동안 미뤄두었던 일들을 하게 되는 경우가 많습니다.

의뢰하셨던 아드님도 이제는 1년에 몇 번도 찾아보지 않았지만, 이제는 매일 시설을 방문하며 어머니와 함께 시간을 보내고, 날씨가 좋은 날에는 어머니가 남겨두신 팜플렛을 들고 둘이서 드라이브를 즐기고 있습니다.

제 3 장

부모와 자식이 함께 행복해지는 7단계 정리법

1. 순서에 따라서 정리하는 것이 중요
2. 1단계. 우선은 「물건」부터 정리한다
3. 2단계. 사진을 정리하여 인생을 되돌아본다
   – 베스트 샷 앨범 작성 –
4. 3단계. 부모님의 자서전을 작성한다
5. 4단계. 부모님 자신의 인생마무리를 함께 생각한다
6. 5단계. 부모님의 앞으로의 인생을 생각한다
7. 6단계. 부모님이 소중하게 여기는 사람들을 파악한다
8. 7단계. 메시지를 전달한다

제3장 컬럼 집안을 정리하면 가족관계도 좋아진다

제3장 　부모와 자식이 함께 행복해지는 7단계 정리법

➊ 순서에 따라서 정리하는 것이 중요

지금까지 생전 정리의 「마음가짐」에 대해 이야기했습니다. 이번 장에서는 생전 정리를 어떻게 구체적으로 진행할지에 대해 설명하려 합니다.

생전 정리는 총 일곱 단계를 거쳐 진행됩니다.

먼저 부모님의 집에서 물건을 정리하고, 그다음 과거를 되돌아보며 인생을 정리한 후, 앞으로의 삶을 계획하고 마지막으로 남은 인생을 의미 있게 살기 위한 준비를 합니다.

부모님 집 정리도 이 일곱 단계를 순서대로 진행하는 것이 중요하며, 이 과정을 통해 보다 원활하게 생전 정리를 할 수 있을 것입니다. 이제 각 단계를 하나씩 살펴보겠습니다.

생전 정리를 원활하게 진행하는 7가지 단계

1단계   부모님 집의 물건을 정리한다.(4분류한다)

2단계   사진을 정리하여 인생을 되돌아본다.
(베스트 샷 앨범의 작성)

3단계   부모님의 자서전을 작성한다.

4단계   부모님 자신의 인생마무리를 생각한다.

5단계   부모님의 앞으로의 인생을 생각한다.

6단계   부모님이 소중하게 여기는 사람들을 파악한다.

7단계   메시지를 전달한다.

1단계
2 우선은 「물건」부터 정리한다

사람들은 다양한 물건들에 둘러싸여 살아갑니다. 집 안에는 눈에 보이는 물건뿐만 아니라, 벽장이나 창고 등에 보관된 것들도 포함되면 그 양은 수천 개에 달할 수도 있습니다. 이러한 물건들을 정리하는 것이 생전정리의 첫 번째 단계입니다.

순서는 다음과 같습니다.

① 집의 배치도를 그립니다.
② 정리할 방의 순서를 매깁니다.
③ 물건을 4가지로 분류합니다.
④ 추억의 물건을 엄선합니다.
⑤ 추억상자를 만들어 간직합니다.

물건을 정리할 때 중요한 것은 단순히 「필요한지」여부만을 따지는 것이 아니라, 그 물건이 「추억의 물건」인지도 중요한 판단 기준이 됩니다.

추억이 담긴 물건들은 감정적으로 특별한 의미를 가지기 때문에, 이를 구분할 수 있으면 어떤 물건을 남기고 어떤 것을 버릴지 결정하는 데 도움이 됩니다.

「추억의 물건」이 무엇인지 명확히 인식하게 되면, 남겨두고 싶은 물건을 구체적으로 선별할 수 있고, 불필요한 물건들을 정리하는 과정이 훨씬 수월해집니다. (정리의 진행 방법에 대해서는 제 4장에서 자세히 다룰 예정입니다)

1. 집의 배치도를 그립니다.

집 전체의 공간을 파악하고, 각 방에 어떤 물건들이 있는지를 대략적으로 이해하기 위해, 방의 위치와 크기가 알 수 있을 정도로 간단한 배치도를 그려 주세요.

2. 정리할 방의 순서를 매깁니다.

집의 전체적인 배치도를 그린 후, 정리할 방의 순서를 정합니다. 정리하는 본인(부모)에게 가장 「마음먹은 대로 정리하기 쉬운 방」을 먼저 정리하는 것이 좋습니다. 다른 가족의 확인이 필요 없는 방부터 시작하는 것이 효율적입니다. 예를 들어, 어머니와 함께 정리를 진행한다면, 대체로 다음과 같은 순서가 적합합니다.

제3장　　부모와 자식이 함께 행복해지는 7단계 정리법

방 배치도를 그리는 방법 예시

① 어머니의 방
② 부엌
③ 거실
④ 침실
⑤ 아버지의 방

1. 집 안의 각 방에 어떤 물건들이 있는지 대략적으로 파악하기 위해 방 배치도를 그립니다.
2. 정리를 시작할 때, 본인(부모)이 생각한 대로 변경이 용이한 방, 즉 다른 가족의 확인이 필요 없는 방부터 순서대로 번호를 매깁니다.

① 어머니의 방

② 부엌

③ 거실

④ 침실

⑤ 아버지의 방

각각의 방 순서를 정한 후, 배치도에 번호를 써넣어 정리 계획을 시각적으로 확인할 수 있게 합니다.

3. 물건을 4가지로 분류합니다.

정해진 순서에 따라 각 방에서 하나씩 정리해 나갑니다.

먼저, 첫 번째 방에 있는 물건을 모두 한곳에 모은다고 생각할 수 있지만, 실내의 물건을 한 번에 다 꺼내면 되려 수습하기 어려워지므로, 정리할 범위를 정하는 것이 중요합니다. 예를 들어, 책상이라면 책상 위와 서랍에 들어있는 물건만 따로 모으고, 선반이라면 선반에 있는 물건을 모은다고 정리 범위를 설정합니다.

이렇게 한 번에 처리할 수 있는 공간이나 물건을 정리한 후, 그 범위 안에서 물건을 4가지로 분류합니다.

그 후, 각 물건을 하나씩 확인하면서 「필요하다」, 「필요하지 않다」, 「망설이다」, 「이동(추억)」의 4개 카테고리로 분류합니다. (자세한 내용은 제 4장 1)을 참고해주세요.

물건을 모은다고 정리 범위를 설정합니다. 이렇게 한 번에 처리할 수 있는 공간이나 물건을 정리한 후, 그 범위 안에서 물건을 4가지로 분류합니다.

그 후, 각 물건을 하나씩 확인하면서 「필요하다」, 「필요하지 않다」, 「망설이다」, 「이동(추억)」의 4개 카테고리로 분류합니다. (자세한 내용은 제 4장 1)을 참고해주세요.

4. 추억의 물건을 엄선합니다.

「이동(추억)」으로 분류한 물건 중에서 실제로 「추억」이 담긴 것만을 분별하여, 부모님에게 하나하나 물어보며 어떤 소중한 추억이 담겨 있는지 확인합니다. 이때, 「확실히 남겨두고 싶은 물건」만을 선택하도록 돕고, 나머지 물건에 대해서는 「고맙습니다」라고 말하며 떠나보내는 마음을 가집니다. 만약 남길지 포기할지 결정하기 어려운 물건이 있다면, 우선 「망설이기」로 분류하고 나중에 다시 생각해 보도록 합니다. (자세한 내용은 제 4장)

5. 추억상자를 만들어 간직합니다.

모든 방의 정리가 끝나고, 엄선한 「추억의 물건」이 나온 후, 이 물건들을 정리할 상자를 준비합니다. 저는 이를 「추억상자」라고 부릅니다.

추억상자에는 부모님의 소중한 기억들이 담길 것이므로, 상자의 크기나 형태는 부모님이 원하는 대로 선택하셔서, 각 물건이 잘 보관될 수 있도록 정리해 주세요.

추천하는 크기는 귤 상자(폭 37cm X 깊이 33cm X 높이 24cm) 정도로, 이 크기까지 엄선한 물건들만 보관할 수 있습니다. 추억을 담은 물건을 보관하는 상자이기 때문에, 상자 자체도 중요하게 다뤄야 합니다. 저는 종이 상자를 기모노 재질의 천으로 포장하여 사용하는데, 이는 더 이상 사용하지 않는 옷을 재활용한 방법으로 고급스러우면서도 보기 좋습니다.

「추억」을 다루는 작업은 때로 부모님에게도 감정적으로 부담이 될 수 있습니다. 그런 경우에는 부모님께 「천천히 해도 좋으니 함께 진행하자」는 격려의 말을 전하고, 확실하게 지원하는 자세로 돕는 것이 중요합니다.

제3장　부모와 자식이 함께 행복해지는 7단계 정리법

2단계　　　　　　　　　　　베스트 샷 앨범의 작성
3 사진을 정리하여 인생을 되돌아본다

　사진은 정리하기가 쉽지 않은 부분입니다. 모든 사진이 소중하고 의미가 있지만, 모두 보관하려다 보면 공간이 부족해질 수 있습니다. 따라서 한 장 한 장을 신중하게 살펴보고, 정말 남겨두고 싶은 사진을 선택하는 것이 중요합니다.

　풍경 사진이나 친구와 찍은 사진, 비슷한 구도의 사진들을 살펴보면 실제로는 필요하지 않은 사진이 많다는 것을 알 수 있습니다. 사진을 선택할 때는 이러한 점을 고려해야 합니다. 사진을 버린다고 해도 그 안의 추억은 여전히 남아 있을 것입니다. 고민이 될 때는 이런 점을 염두에 두고 신중하게 결정을 내리는 것이 좋습니다.

　사진을 정리할 때, 부모님과 함께 참여하는 것이 좋습니다. 이 과정은「베스트 샷 앨범」을 만드는 것입니다. 이 앨범은 말 그대로「인생의 베스트 샷」만을 모은 것으로, 이를 통해 부모님의 삶의 중요한 순간들을 되돌아볼 수 있습니다.

　사진은 30장 정도로 선택하는 것이 이상적입니다.「적다」고 생각할 수도 있지만, 엄선하는 과정을 거치면서 인생에서

가장 빛나는 순간들이 더욱 선명해지기 때문입니다. 베스트 샷 앨범을 만드는 방법은 66~67페이지에서 확인할 수 있습니다.

앨범이 완성되면 「이 앨범을 보고 무엇을 느끼시나요?」라는 질문을 던져 보세요. 만약 「행복한 삶을 살아왔다」는 등의 긍정적인 소감이 나온다면, 그것은 큰 성공입니다. 실제로 많은 분들이 「베스트 샷 앨범」을 만든 후 그런 소감을 전해주셨습니다.

베스트 샷 앨범은 영정을 선택할 때도 매우 유용합니다. 사진이 시간 순서대로 배열되어 있기 때문에, 앨범의 마지막 페이지에 있는 최근의 베스트 샷을 선택하면 장례식에 참석한 분들도 부모님을 훌륭하게 기억할 수 있습니다. 이는 「좋은 삶을 살았습니다. 만족하고 떠날 것입니다」라는 메시지를 전달하는 방법이 됩니다.

덧붙여서, 영정을 「이터널 포토(eternal photo)」라고 부르는 것을 추천합니다. 「이터널」은 영원함을 의미하기 때문에, 「영정」이라는 단어보다는 조금 더 부드럽고 의미 있는 표현이 될 수 있습니다. 「이터널 포토」라는 용어를 사용하는 것이 더 자연스러울 것입니다.

제3장　　　부모와 자식이 함께 행복해지는 7단계 정리법

베스트 샷 앨범을 만드는 방법

① 컴팩트한 앨범을 준비합니다.

부모님과 함께 대형 문구점에 가서, 휴대가 용이한 콤팩트 앨범을 선택합니다. 앨범은 30장 이하의 용량을 권장하며, 사진을 붙이는 종이가 쉽게 분리될 수 있는 데코랩 타입을 추천합니다.

디자인은 부모님이 두근두근하면서 가지고 다닐만한 것으로 선택합시다

② 수중에 있는 앨범을 시기별로 늘어놓습니다.

앨범에 있는 모든 사진을 시기별로 늘어놓습니다. 이 과정을 통해 어떤 시기의 사진이 많은지, 적은지 한눈에 확인할 수 있습니다. 사진의 양을 시각적으로 파악하는 과정입니다.

0세부터 유치원
초등학교
중학교

③ 빛나는 부모님의 사진을 고릅니다.

우선 대충 좋아 보이는 사진을 약 100장 정도 선택한 뒤, 앨범에서 떼어냅니다. 그 중에서 다시 30장을 엄선하여 선택합니다. 나머지 70장은 사진 뒷면에 해당 사진이 언제였고 어떤 추억이 있는지 포스트잇에 써서, B7 클리어 포켓에 넣고 「추억 상자」에 보관합니다.

오래된 앨범은 접착력이 떨어져서 무리하게 떼내려고 하면 사진이 훼손될 수 있습니다. 중요한 사진, 천천히 정성껏 떼어주세요.

④ 고른 30장의 사진을 앨범에 붙입니다.

30장의 사진을 시기별로 앨범에 붙입니다. 이때 각 사진 옆에 언제의 사진인지, 어떤 추억이 담겨 있는지를 포스트잇에 써서 함께 붙입니다. 앨범에 댓글란이 있다면 그곳에 써도 좋습니다.

> 지금까지 몰랐었던 부모님의 살아온 발자취를 알고 부모님에 대한 이해도 깊어지게 됩니다.

⑤ 앨범의 사진을 장식합니다.

앨범에 붙인 사진을 보호테이프나 스티커 등으로 장식합니다. 이렇게 하면 앨범이 더욱 아름답고 특별한 느낌을 줄 수 있습니다.

> 부모님과 자녀가 함께 작업하는 것을 만끽하세요.

제3장 부모와 자식이 함께 행복해지는 7단계 정리법

또한, 생전 정리 경험을 통해 「나도 『이터널 포토』를 선택했어. 이상한 사진은 사용하고 싶지 않아」라고 이야기하면, 가족도 이를 납득하고 함께 선택하는 데 도움이 될 것입니다.

베스트 샷 앨범 작성은 생전 정리 중에서도 특히 중요한 과정입니다. 부모님의 인생의 추억을 되새기며 즐겁게 진행해 보세요.

사진은 단순한 물건이 아니라 부모님이 살아온 인생 속에서 만난 중요한 순간들을 담고 있습니다. 사진은 부모님의 인생을 축소한 한 장면이라 할 수 있습니다. 이런 사진들을 정리하면서, 부모님이 걸어온 삶을 되돌아보게 됩니다.

당신에게 부모님은 언제나 아버지와 어머니로만 존재했겠지만, 그들에게도 부모가 되기 전의 인생이 있었습니다. 사진을 통해 부모님이 어떤 삶을 살아왔는지 알 수 있으며, 과거를 통해 새로운 시각으로 부모의 삶을 조망하게 됩니다. 이는 부모와 자식 간의 새로운 관계를 시작하는 계기가 될 수도 있습니다.

4 부모님의 자서전을 작성한다
3단계

베스트 샷 앨범을 통해 부모님의 인생 궤적을 응축했지만, 그 과정만으로는 부모님의 인생에서 중요했던 사건이나 생각들을 모두 전하기 어려울 수 있습니다. 그러므로 이러한 이야기들을 「자서전」으로 기록해 보는 것이 중요합니다. 긴 글을 쓰지 않아도 됩니다. 71~73페이지에서 소개한 설문지에 부모님이 답을 할 수 있도록 도와주시고, 자녀인 당신이 그 내용을 바탕으로 기록하는 방식으로 진행하면 됩니다.

이 과정은 부모님의 삶에 대해 더 깊이 이해하고, 가족의 역사를 더 의미 있게 전달할 수 있는 방법이 될 것입니다.

부모님이 살아온 인생을 알게 되는 것은 자신이 어디에서 왔는지, 자신의 뿌리를 이해하는 중요한 과정입니다. 부모가 어린 시절 어떤 아이였는지, 무엇을 좋아하고 어떤 일에 열정을 가졌는지, 그리고 누구를 만나고 무엇에 기쁨을 느꼈는지에 대해 알게 되면, 부모도 어릴 때는 고민을 했고, 좋아하는 사람을 만났을 때 가슴이 뛰었던 순간들이 있었다는 것을 이해하게 됩니다.

제3장 부모와 자식이 함께 행복해지는 7단계 정리법

　사진을 정리하면서 부모님과 이야기를 나누면, 그 이미지가 더욱 선명해지고, 부모와의 소통이 원활해질 수 있습니다.

　지금까지 우리가 알고 있는 부모님의 모습은 대부분 어른이 된 후의 모습일 뿐입니다. 그러나 「자서전」과 「베스트 샷 앨범」을 작성하며, 부모님도 「부모」가 되기 이전의 한 사람으로서의 삶을 살아왔다는 사실을 인식하게 될 것입니다. 생전 정리를 통해 부모님의 과거를 알게 되면, 과거와 현재가 어떻게 연결되는지를 느끼게 되고, 더욱 더 현재와 미래도 연결되고 있다는 것을 느끼게 될 것입니다.

　그렇다면 미래는 현재의 선택과 행동에 의해 더 나은 방향으로 나아간다는 것을 의미합니다. 부모님이 남기신 인생을 보다 나은 상태로 유지하기 위해, 자식으로서 우리가 해야 할 일에 대해, 지금, 진지하게 고민하는 계기로 삼아주세요.

자서전을 만들기 위한 인터뷰 시트

이하의 항목에 대해서 부모님에게 답변을 받고자
자신의 역사 재료를 모읍시다.

출생에 대하여
· 이　름 :
· 혈액형 :　　　　　　　　　　· 생년월일 :
· 출생지 :
· 에피소드 :

부모님에 대하여
· 아버지 이름 :　　　　　　　　· 생년월일 :
· 아버지와의 추억 :

· 어머니 이름 :　　　　　　　　· 생년월일 :
· 어머니와의 추억 :

형제자매에 대하여
· 이름 · 관련성 :　　　　　　　· 생년월일 :
· 추억 :

· 이름 · 관련성 :　　　　　　　· 생년월일 :
· 추억 :

· 이름 · 관련성 :　　　　　　　· 생년월일 :
· 추억 :

제3장 부모와 자식이 함께 행복해지는 7단계 정리법

배우자에 대하여
· 배우자의 이름 : _____
· 생년월일 : _____ · 결혼기념일 : _____
· 상대를 선택한 이유 : _____

배우자와의 추억
· 결혼 전 : _____
· 결혼 후 : _____

아이들에 대하여
· 이름 : _____ · 생년월일 : _____
· 작명의 유래 : _____
· 추억 : _____
· 이름 : _____ · 생년월일 : _____
· 작명의 유래 : _____
· 추억 : _____

현재의 나
· 취미 : _____
· 좋아하는 음악 : _____
· 좋아하는 (   ) : _____
· 좋아하는 (   ) : _____
· 좋아하는 (   ) : _____
· 좋아하는 (   ) : _____
· 좋아하는 (   ) : _____
· 자주 가는 장소 : _____
· 현재 배우고 있는 취미활동 : _____
· 소속하고 있는 클럽이나 동호회 : _____
· 빠져있는 것 : _____

학교의 추억

- 국민학교 (초등학교) : _____ 초등학교 _____ 년 졸업
- 즐겨했던 놀이 : _____
- 마음에 남아있는 추억 : _____

- 가장 좋아했던 과목 : _____
- 중학교 : _____ 중학교 _____ 년 졸업
- 존경하고 있는 사람 : _____
- 빠져있던 것 : _____
- 마음에 남아있는 추억 : _____

- 고등학교 : _____ 고등학교 _____ 년 졸업
- 빠져있던 것 : _____
- 마음에 남아있는 추억 : _____
- 기타 학교에서의 추억 : _____

- 출생지 : _____

일에 대해서

- 지금까지의 직업 (직장이력) 과 회사명 : _____

- 일로 가장 기뻤던 일 : _____

- 일로 가장 힘들었던 일 : _____

5 부모님 자신의 인생마무리를 함께 생각한다
4단계

이제 부모님 인생의 마지막 여정을 준비할 시간입니다. 즉, 「어떤 장례를 치를 것인가」를 결정해야 합니다. 장례가 진행되면, 짧은 시간 안에 여러 가지를 결정해야 합니다.

예를 들어, 장례회사는 어디로 할 것인지, 장례식은 어디에서 치를 것인지, 참석자는 누구를 연락해야 하는지, 예산은 어떻게 배분할 것인지 등 많은 결정을 내려야 합니다. 이 모든 것을 빠르게 결정해야 하기 때문에, 유족들의 부담은 상당할 수 있습니다.

자식으로서 최선을 다해 준비하더라도, 부모님이 아끼셨던 사람들로부터 불평이 나올 수도 있습니다. 그렇기 때문에 장례 준비는 매우 중요한 일입니다. 가능한 한 부모님과 함께 이러한 결정을 내리고 준비하는 것이 좋습니다. 부모님의 뜻을 반영하고, 부모님이 원하는 방식으로 장례를 치를 수 있도록 미리 준비하는 것이 가족 모두에게 도움이 될 것입니다.

「장례의 일을 결정해둡시다」라고 말하면 부모님에게 부담을 줄 수 있습니다. 이로 인해 부모님이 망설임을 느끼거나 쇼크를 받을 수 있기 때문에, 대신에 「지금까지 참석한 장례식 중에서 인상 깊었던 장례식이 있었나요?」라고 물어보는 방법을 추천합니다. 부모님께서 장례식에 여러 차례 참석하셨을 가능성이 높으므로, 그 중에서 기억에 남는 장례식에 대해 물어보면, 부모님이 원하는 장례식에 대한 힌트를 얻을 수 있습니다.

예를 들어, 「많은 사람들이 모여서 고인도 기뻐했겠다」는 답변은 부모님이 많은 사람들과 함께 보내고 싶어하신다는 뜻일 수 있습니다. 「회장으로 가는 셔틀버스가 원활하고 편리했다」는 의견은 참가자들에게 편의를 제공하려는 배려를 중요하게 생각하신다는 의미일 수 있습니다. 이런 대화를 통해 부모님이 원하시는 장례에 대한 구체적인 정보를 얻고, 준비에 더 효과적으로 접근할 수 있습니다.

부모님도 참석한 장례에 대해 이야기를 나누면서 「나의 장례는 어떻게 할까?」라는 생각을 하게 될 것입니다. 그러므로 부모님께 자주 그에 대해 물어보는 것이 중요합니다. 자신의 장례를 미리 고민하는 것은 남은 삶을 더 의미 있게 만드는 중요한 단계입니다.

제3장 　 부모와 자식이 함께 행복해지는 7단계 정리법

　장례는 마치 인생의 목표를 달성했을 때의 의식과도 같습니다. 그 목표를 의식함으로써 남은 인생에 대해 자연스럽게 생각하게 되고, 이를 통해 하루하루를 더 소중하게 여길 수 있습니다. 이 과정은 부모님의 남은 삶을 더욱 빛나게 해줄 것입니다. 그리고 부모님께 이러한 기회를 제공하는 것이 우리 자식의 역할입니다.

5단계 소원목록(버킷리스트) 작성

6 부모님의 앞으로의 인생을 생각한다

「하고 싶다」라고 생각하면서도 실행하지 못한 일이 있지 않나요? 대부분의 사람은 「하려다가 못한 것」이 있습니다. 부모님도 마찬가지로 「가고 싶다」고 생각했지만 못 간 장소나, 「하고 싶다」고 말하면서도 하지 못한 일들이 있을 것입니다. 이제 부모님께 그 모든 것들을 적어보게 하세요. 이것을 「소원목록(버킷리스트)」이라고 부릅니다.

소원목록에 적을 항목은 다음 세 가지입니다.

① 가고 싶다고 생각했지만 가지 못했던 장소

② 화해하고 싶지만 화해하지 못한 사람이나 사과하고 싶은 사람

③ 하고 싶다고 생각하면서 못한 것

이 목록은 부모님이 직접 써도 좋고, 당신이 듣고 적어도 괜찮습니다. 완성된 목록은 부모님과 함께 공유하세요. 이 「소원목록」은 사실 당신에게는 「효도리스트」입니다. 부모님이 인생에서 이루지 못한 일들을 남은 시간 동안 이룰 수 있도록 도와

주는 것은 매우 뜻깊은 일입니다.

예를 들어,「가고 싶다고 생각하면서 가지 못한 장소」가 있다면, 그 장소에 가기 위한 구체적인 계획을 세워보세요. 언제 가면 좋을지, 교통수단은 무엇을 이용할지, 비용은 얼마나 들 것인지, 누구와 함께 갈지, 준비물이 무엇인지 등을 고민하고 실행해보세요.

이렇게 부모님의 소원목록을 실현시킬 수 있다면, 부모님은 물론 당신도 기쁨과 즐거움을 느낄 수 있을 것입니다. 후회 없는 인생은 없지만, 후회가 적은 인생은 있을 수 있습니다. 소원목록의 항목을 하나씩 해결해 나가는 과정에서 부모님의 인생은 더욱 충실하고 의미 있게 채워질 것입니다.

그리고 그 과정을 도와주는 당신도 큰 만족감을 얻을 수 있습니다. 이 소원목록은 후회가 적은 인생을 만드는 중요한 길잡이가 될 것입니다. 부모님과 함께 이 목록을 실현해 나가며, 삶의 끝자락에서 더욱 행복하고 의미 있는 시간을 보낼 수 있도록 돕는 것이 큰 선물이 될 것입니다.

소원목록(버킷리스트)

▶ 가고 싶다고 생각하면서 가지 못했던 장소

▶ 화해하고 싶지만 화해하지 못한 사람이나 사과하고 싶은 사람

▶ 하고 싶다고 생각하면서 못한 것

제3장 부모와 자식이 함께 행복해지는 7단계 정리법

7 (6단계) 부모님께서 소중하게 여기는 사람들을 파악한다

부모님의 남은 삶을 더욱 의미 있게 만들기 위해 인간관계를 되돌아보는 것은 매우 중요합니다. 그 중 하나가 바로 「소중한 사람들」에 대해 생각하는 것입니다. 우리는 종종 인간관계를 재정비하고, 만나고 싶은 사람들을 다시 한 번 살펴볼 필요가 있습니다. 이러한 과정을 통해 부모님께서 소중히 여겼던 사람들의 목록을 작성해보는 것이 좋습니다. 이 목록에는 현재 관계를 맺고 있는 사람들뿐만 아니라, 오랫동안 연락이 닿지 않았거나 먼 곳에 있는 사람들도 포함되어야 합니다. 그러나 부모님에게 갑자기 「누구하고 연락하면서 지내시나요?」라고 묻는다면, 부모님은 「무슨 일을 하려고 그러는 건데?」라며 불신감을 가질 수가 있습니다.

편지나 관련 자료를 정리하여 리스트를 작성하는 것은 부모님의 인간관계를 효과적으로 관리하는 데 큰 도움이 됩니다. 이러한 명단을 통해 부모님이 중요한 사람들과의 연락을 더 쉽게 유지하고, 적절한 시기에 연락할 수 있습니다. 이 명단에는 상대방의 이름과 연락처는 물론, 관계의 종류를 구분하는 카테고리도 포함시켜야 합니다.

예를 들어, 가족, 취미 활동 관련, 동료, 지역 친구, 옛 친구, 서클 또는 단체 동료 등을 카테고리로 나눌 수 있습니다. 또한, 목록에서 중요한 인물을 식별하고 표시하는 것도 유용합니다. 이들은 네트워크를 형성할 수 있는 핵심 인물로, 이들을 통해 다른 사람들에게 연락을 전달할 수 있습니다.

이 명단은 장례 초대 인물 목록으로도 활용될 수 있으므로, 누락된 사람이나 중요한 인물이 빠지지 않도록 핵심 인물을 포함하는 것이 중요합니다.

소중한 사람들의 목록

카테고리	이름	연락처	연락을 취할 시점	비고
노인회	김○희	010-○○○○-****	입원	모임의 중요인물 Key person
친구	박○태		장례	귀가 어둡다

Key person: 모임에서 모두에게 전달할 수 있는 네트워크를 가진 사람, 모임의 중요인물

또한, 부모님이 입원하거나 건강 상태가 좋지 않을 때, 임종을 맞이할 때 등과 같은 중요한 시기에 적절한 시점에 연락을 취할 수 있도록 준비하는 것이 필요합니다. 이렇게 사람들과의 관계를 파악하고 정리하면, 잠재적인 문제를 예방하고, 부모님의 교류를 잘 관리할 수 있습니다.

소중한 사람들의 목록을 작성하는 것은 부모님을 보호하는 데에도 유용하며, 특히 고령의 부모님이 악의적인 사람들의 유혹이나 세일즈 대상이 될 수 있기 때문에, 의심스러운 제안을 받을 경우 신중하게 살펴보고 불안한 상황이 생기면 즉시 대처하는 것이 중요합니다.

7단계

8 메시지를 전한다

생전정리를 통해 지금까지 걸어온 인생을 되돌아보면, 주변의 많은 사람들 덕분에 현재의 내가 있음을 깨닫게 될 것입니다. 또한, 가까운 사람들에 대한 감사의 마음도 깊이 느낄 것입니다. 이제 그 마음을 메시지로 전달하는 것이 마지막 단계입니다. 먼저, 당신이 부모님께 감사와 사랑의 메시지를 전달해 보세요. 그것을 전달할 때 중요한 포인트 두 가지가 있습니다.

1. 상대방에 대한 고마움을 담습니다.

감사의 마음을 전하는 말은 매우 중요한 부분입니다. 「감사합니다, 어머니, 당신 덕분이에요」 또는 「아버지, 정말 감사하고 있습니다」와 같은 직설적인 표현을 사용하면, 상대방은 그 마음을 더욱 진지하게 받아들이고 기뻐할 것입니다.

2. 공통의 추억을 담는다.

아끼는 사람과 함께한 추억을 떠올리며 그때의 에피소드를 담은 메시지를 보내는 것도 효과적입니다. 공통의 추억이 있을 경우, 상대방도 그때의 기억을 되살리며 더욱 감동을 받을 것입니다. 즐거운 추억을 회상하면서 감사의 마음을 전하면, 그 마음은 훨씬 깊고 진심으로 전달될 수 있습니다.

그렇다면, 구체적으로 어떻게 메시지를 전달하면 좋을까요? 제가 추천하는 방법은 편지입니다. 편지는 생각을 천천히 정리하고, 상대방에게 고마운 마음을 진심으로 전달할 수 있는 좋은 방법입니다. 생각과 감정을 편지로 표현하여 부모님께 선물로 전달합시다. 누군가는 「쑥스러워서 나는 죽은 뒤에 읽으라고 할 거야」라고 말할 수도 있지만, 그런 접근은 추천하지 않습니다. 중요한 것은 살아 있을 때 진심을 전달하는 것입니다. 편지를 쓴다면, 그 감정을 즉시 전달하는 것이 중요합니다. 부모님께 편지를 통해 마음을 전하면, 부모님도 그 마음에 응답해 주실 것입니다. 이것이 여러분의 인생을 더욱 의미 있고 빛나게 만들 것입니다.

위에서 설명한 7가지 단계를 차근차근 따라가세요. 시간이 걸리더라도 각 단계를 즐기며 진행하면, 결국 모든 과정을 마칠 수 있을 것입니다. 생전정리를 통해 부모님께 전해지는 마지막 선물이 될 것이며, 함께 진행하며 과정 자체를 즐기세요.

column 3
집안을 정리하면 가족관계도 좋아진다

「당신들 뭐 하러 왔어?」 어느 집을 방문했을 때 일어난 사건입니다. 현관에 들어서자마자 70대 어머님이 큰소리로 꾸짖으셨습니다.

의뢰인은 50대 아들로, 집 안의 물건이 너무 많아 우리에게 정리를 도와달라고 요청했지만, 어머님은 그런 상황을 전혀 아들로부터 인지하지 못했던 상황이어서 우리를 경계하며 노려보았습니다. 이에 아들도 어머님의 경계심에 영향을 받아 호통을 쳤고, 그 결과 두 사람 사이에 말다툼이 벌어졌습니다.

사실 이런 상황을 마주하는 것은 드문 일이 아닙니다. 매번 이런 상황에 처할 때마다 안타깝고 답답한 마음이 들 수 있습니다. 그날도 아들의 방을 정리하기로 했지만, 여전히 신경 쓰이는 부분이 있었습니다.

정리를 하던 중 몇 차례 어머님이 방을 살펴보러 오셔서 「이렇게 어질러서」, 「부끄럽다」라고 하시며 말씀하셨고, 그때마다 아들은 반론을 하면서 긴장감이 지속되었습니다. 그러나 정리가 진행됨에 따라 어머님의 태도가 점차 누그러지기 시작했습니다.

column 3

　마침내 어머님께서 저를 부르셔서 차를 준비해 주셨고, 그동안 나눈 대화 속에서 「내 방도 치워주면 안 될까?」라고 말씀하셨습니다. 아들은 기쁜 마음으로 동의했고, 아들의 방이 정리되어 가는 모습을 보며 어머님은 마음속에서 무엇인가 느끼셨던 것 같습니다. 결국 집 안의 모든 공간이 정리되었고, 마지막으로 어머니와 아들은 웃는 얼굴로 보내주셨습니다.

　이 경험은 우리가 얼마나 거친 환경에서 자주 다투고, 갈등을 겪는지 보여줍니다. 집안이 정리되지 않으면 불필요한 갈등이 생기고, 가족 간의 관계가 악화될 수 있다는 사실을 알게 되었습니다.

　따라서 집안을 정리하는 것은 단순히 물리적인 공간을 깨끗하게 하는 것뿐만 아니라, 가족 간의 관계를 회복하고 기분까지 정리하는 중요한 과정임을 깨닫게 되었습니다.

제 4 장

「4가지 분류」로 집도 기분도 상쾌하게
우선은 「물건」을 정리한다

1. 물건은 4가지로 분리하여 정리한다
2. 버리지 못하는 물건 Top 3는 책, 의류, 종이류
3. 하나님, 부처님에 관련된 물건도 때로는 처분해야 할 때가 있다
4. 취미로 쓰던 것은 다음 사람에게 양보한다
5. 조상대대로 전해 내려오는 물건은 각별한 주의가 필요
6. 큰 물건이야말로 과감하게 처분한다
7. 개인정보관련은 취급에 세심한 주의를

제4장 컬럼 중요한 것은 일찌감치 새 주인을 정해두자

제4장 「4가지 분류」로 집도 기분도 상쾌하게 우선은 「물건」을 정리한다

→ 1. 물건은 4가지로 분리하여 정리한다

그렇다면 이제 실제로 정리를 시작해 보도록 합시다. 일반적으로 정리는 물건을 「필요하다」와 「필요하지 않다」 두 가지로 나누어 판단하는 경우가 많습니다. 하지만 이 방식은 한계가 있습니다. 「버린다」로 분류하지 못한 모든 물건이 결국 「남긴다」에 해당하게 되어, 사실상 필요 없는 물건들까지 다시 제자리에 놓는 경우가 종종 발생합니다.

결국 정리를 했다고 생각했지만, 물건만 옮겨놓은 상황이 되어버릴 수 있습니다. 또한, 「버리지 않으면 안 된다」 또는 「내버려 두면 안 된다」라는 강박에 사로잡히면 중요한 물건까지 버려 후회하는 상황에 이를 수도 있습니다. 이와 관련해, 이전에 어머니와 사이가 좋지 않았던 여성의 유품 정리를 도왔던 경험이 있습니다

그녀의 집에서 「아기 탯줄(배꼽 떨어진 조각)」이 들어 있는 상자를 발견했는데, 그녀는 이를 보며 「엄마와의 추억의 물건 따윈 필요 없어」라며 상자를 버렸습니다. 그러나 나중에 본인이 아이를 낳고 나서야 엄마와 아이의 연결고리를 깨달으며,

그때 탯줄을 버렸던 일을 깊이 후회했습니다. 그 모습은 정말 안타까웠습니다. 이런 상황을 방지하려면 단순히 「필요하다」, 「필요하지 않다」의 이분법이 아니라, 「4가지 분류 구분법」을 사용하는 것이 좋습니다.

이 방법은 ①필요하다, ②필요하지 않다, ③망설여진다, ④이동(추억)이라는 네 가지 카테고리로 나누는 방식입니다. 각 분류에 대해 자세히 설명해 보겠습니다.

1. 「필요하다」로 분류된 물건

현재 사용 중이거나 미래에 분명히 사용할 물건은 「필요하다」로 분류합니다. 이 물건들은 생활에 필수적이거나 유용하기 때문에 정리 후에도 반드시 남겨두어야 합니다.

부모 세대에서 흔히 볼 수 있는 특징 중 하나는 「언젠가 사용할 거야」라는 이유로 실제로는 사용할 계획이 없는 물건을 모아두는 것입니다. 예를 들어, 백화점 쇼핑백이나 과자 빈 캔 같은 것들이 이에 해당됩니다.

하지만 여기서 중요한 점은 「사용하고 있는 물건」과 「사용할 수 있는 물건」은 완전히 다르다는 사실입니다. 정리할 때는 현재 실제로 사용하고 있는 물건만을 남기는 것이 핵심입니다.

2. 「필요하지 않다」로 분류되는 물건

지금 사용하고 있지 않은 것만이 아니고, 장래에도 사용할 예정이 없는 물건입니다. 단, 어렸을 때 사용했던 젓가락처럼 앞으로 사용할 가능성이 없어도 추억의 물건으로서 남겨두고 싶다 등, 일률적으로 「필요하지 않다」라고 단언할 수 없는 것도 그 중에 있을 것입니다. 그러한 경우는 「망설임」또는 「이동(추억)」으로 분류해 주세요.

3. 「망설여진다」로 분류되는 물건

③「망설여진다」로 분류할 물건은 추억으로 남길지 아니면 정리할지 고민이 되는 물건들입니다. 이때 판단의 기준은 해당 물건을 손에 들고 8초 동안 「남길까? 내버릴까?」를 고민해보는 것입니다. 이 8초라는 시간은 제가 많은 분들의 정리를 도와드리며 도출한 경험에서 나온 기준입니다. 5초는 직감에 의존하게 되어 지나치게 짧고, 10초는 판단에 혼

란이 생길 수 있기 때문에, 적절한 기준으로 8초 룰을 추천합니다.

만약 8초 안에 결론이 나지 않는다면, 그 물건은 「망설임」으로 분류합니다. 망설임으로 분류된 물건은 빈 상자나 종이 봉투에 따로 정리해 보관하고, 반년 후에 다시 판단할 날짜를 표시해둡니다. 이 과정을 통해 충분한 시간을 두고 냉정하게 판단할 수 있습니다.

4. 「이동 (추억)」으로 분류되는 물건

④ 「이동(추억)」으로 분류할 물건은 추억으로 남기기로 확실히 결정된 물건이나, 보관 장소를 바꿔야 하는 물건들입니다. 이러한 물건은 특별한 장소에 보관해 소중히 간직하거나 필요에 따라 다른 공간으로 옮기도록 합니다.

이동이란, 물건을 원래 있던 장소에서 「추억의 상자」(62페이지 참조)와 같은 별도의 공간으로 옮겨 보관하기 때문에 이동이라는 표현을 쓰는 것입니다. 이를 통해 추억으로 남기고 싶은 물건을 안전하게 보관할 수 있습니다.

4가지 분류법을 활용할 때는 블루시트를 사용하면 매우

편리합니다. 블루시트 위에 청테이프로 가로와 세로로 십자선을 만들어 네 개의 공간을 나누고, 각각의 공간에 「필요하다」, 「필요하지 않다」, 「망설임」, 「이동(추억)」이라고 표시합니다. 그런 다음, 분류된 물건을 해당 공간에 올려놓으면 정리 상황이 한눈에 보이기 때문에 훨씬 효율적으로 작업할 수 있습니다.

정리를 하다 보면, 「이것은 어떻게 처리해야 할까?」, 「이 물건을 버려도 괜찮을까?」라는 고민스러운 물건이 나오기도 합니다. 다음 항목에서는 정리할 때 자주 문의받는 물건이나 특히 판단하기 어려운 물건을 사례로 들어, 구체적인 대처 방법을 안내해드리겠습니다. 이를 참고하시어 정리 과정에 활용해 보세요.

4가지 분류 시트 만드는 방법

1. 블루시트 준비하기

큰 경우는 1.8 미터 정도로 준비합니다.
사방(기준)으로 자르면 됩니다.

2. 테이프 등을 사용하여 시트를 넷으로 나눕니다.

큰 경우는 1.8 미터 정도로 준비합니다.

3. 시트의 각 칸에 「필요있다」, 「필요없다」, 「망설임」, 「이동(추억)」 이라고 써넣습니다.

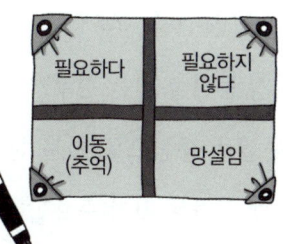

제4장 「4가지 분류」로 집도 기분도 상쾌하게 우선은 「물건」을 정리한다

2 버리지 못하는 물건 Top 3는 책·의류·종이류

생전정리에서 힘들어하는 물건은, 책, 의류, 종이류입니다. 이 물건들은 흔히 추억, 가치, 또는 「언젠가는 사용할지도 모른다」는 생각으로 쉽게 처분하지 못하는 경향이 있습니다. 하지만 이런 물건들을 정리하지 않고 두면 공간을 차지할 뿐만 아니라, 삶의 간소화에도 방해가 됩니다.

정리를 미룰수록 그 물건들이 방치되는 시간이 늘어나며, 결국 더 큰 부담으로 다가올 수 있습니다. 빠르게 처분함으로써 얻을 수 있는 이점은 단순히 공간 확보에 그치지 않습니다. 깔끔한 환경을 통해 심리적 안정감을 얻을 수 있으며, 필요하지 않은 물건을 유지하려는 노력이 줄어드는 만큼 시간적, 금전적 손해도 방지할 수 있습니다.

또한, 물건을 처분할 적절한 시기를 놓치면 손해를 보거나 정리의 동력을 잃는 경우가 생길 수 있습니다. 따라서 이 세 가지 물건을 중심으로 처분 전략을 신중히 세우고, 효율적으로 정리해 나가는 것이 중요합니다.

1. 책

책은 많은 사람들이 쉽게 버리지 못하는 물건 중 하나입니다. 하지만 대부분의 책은 반드시 곁에 두고 보관해야 할 필요가 없습니다. 이미 읽지 않거나 더 이상 필요하지 않은 책은 과감히 정리하는 것이 현명합니다.

책을 정리할 때는 중고로 판매하는 방법이 가장 효과적입니다. 이렇게 하면 공간을 확보함과 동시에 약간의 수익도 얻을 수 있습니다. 특히 출간된 지 얼마 되지 않은 책은 중고 시장에서 비교적 높은 가격에 판매될 가능성이 있으므로, 빨리 처분하는 것이 유리합니다. 시간이 지날수록 매입 가격이 낮아질 수 있으니 정리를 미루지 않는 것이 중요합니다.

또한, 나중에 다시 읽고 싶을 경우에는 도서관이나 전자책 서비스를 활용하면 됩니다. 이러한 방법을 통해 책을 소유하지 않더라도 필요할 때 다시 접근할 수 있습니다. 책은 소유 그 자체보다는 활용이 중요합니다.

따라서 꼭 필요한 책 몇 권만 남기고, 나머지는 과감히 정리하여 삶을 보다 간소하고 쾌적하게 만들어보세요.

2. 의류

의류를 정리할 때의 기준은 2년입니다. 만약 2년 이상 입지 않은 옷이나 신발, 외출용으로 사용하지 않는 가방 등이 있다면, 과감히 처분하는 것이 좋습니다.

2년 이상 사용하지 않은 의류나 소지품은, 비록 마음에 드는 옷이라 할지라도 장기간 입지 않은 만큼 필요 없는 것으로 간주할 수 있습니다. 다만, 상복과 같은 특별한 경우는 예외로 두는 것이 좋습니다.

또한 체형 변화로 인해 더 이상 입을 수 없게 된 옷은 과감히 정리하는 것이 현명합니다. 체형이 다시 돌아오게 되더라도, 그때는 새로운 옷을 구입하는 기회를 가질 수 있습니다. 최근에는 의류 전문 재활용업체와 기부 단체가 증가하고 있으니, 이러한 방법들을 적극적으로 활용하는 것도 좋은 선택입니다.

3. 종이류

종이류에는 서류, 잡지, 카탈로그 등이 포함됩니다. 1만 건 이상의 집 정리 작업을 도운 경험을 통해 알게 된 사실은, 많은 집에서 종이류가 과도하게 쌓여 있는 경우가 많다는 점입니다.

특히, 가장 흔히 발견되는 종이류의 예는 다음 페이지에서 설명할 5가지 유형입니다. 이 종이류는 종종 추억이 담겨 있어 버리기 망설여질 수 있지만, 자세히 살펴보면 찢어지거나 중복된 것이 많을 때가 있습니다. 이러한 경우에는 불필요한 종이류를 과감히 정리하여 깔끔한 공간을 만드는 것이 좋습니다.

종이류를 정리하면 공간뿐 아니라 마음까지 깔끔해지는 효과를 얻을 수 있습니다. 이를 통해 삶의 질도 향상될 것입니다.

「8초 룰」을 활용하면, 예를 들어 동일한 사람으로부터 여러 통의 편지를 받았다면, 그 중 중요한 내용을 담고 있는 편지만 추려낼 수 있습니다. 「버린다」고 말하면 부모님은 아깝다고 생각하여 거절할 수도 있지만, 이 편지들은 리사이클이 가능한 물건이라고 설명하면 됩니다.

즉, 「활용하지 않고 묵혀두는 것이 아니라 다른 사람이 다시 사용할 수 있게 하는 것」이라고 말하면 됩니다. 제 경험상 부모님이 이 사실을 이해하면, 일이 원활하게 진행되는 경우가 많았습니다. 사람은 애착을 가진 물건과는 헤어지기 어려운 마음을 가지고 있다는 점을 인정하고, 그 마음을 존중하며 진행하는 것이 중요합니다.

제4장 「4가지 분류」로 집도 기분도 상쾌하게 우선은 「물건」을 정리한다

집안에 쌓여버리는 종이류와 처분법

◎ 은행 및 금융 관련 서류 (귀중한 종이)

은행이나 우체국의 통장, 금융상품의 서류 등 (귀중한 종이)은 상속과도 관련되어 오는 것이므로 관리를 철저히 해야 합니다. 오래된 통장은 재산정리가 깔끔하게 잘 되었다면 처분해도 괜찮습니다.
(자세한 내용은 제5장 참조)

◎ 신문 · 잡지 등의 오려낸 종이 (정보를 정리한 종이)

신문이나 잡지의 기사의 스크랩은 한꺼번에 처리하고, 그 안에 쓰여진 정보가 지금도 필요한지, 기준은 3개월로, 필요하지 않는 경우에는 즉시 처분합니다. 오래된 잡지는 필요한 부분을 오려내고, 나머지는 버립니다.

◎ 메모 (메모한 종이)

용도가 끝난 것은 버려야 합니다.

◎ 카다로그, 광고 등 (광고지)

과감히 처분해야 합니다. 정기적으로 송부되는 것도 철저히 검토하여 정리해야 합니다.

◎ 추억이 담긴 종이 (러브레터)

친구나 지인으로부터 받은 연하장이나 손편지(러브레터도 포함), 자녀, 손자, 손녀가 그린 그림등. 모두 남기는 것은 어렵기 때문에, 「꼭 남겨두고 싶은 것」만 선별해서 보관하세요.

→ 3 하나님이나 부처님과 관련된 물건도 때로는 처분해야 할 때가 있다

많은 사람들은 종교적인 물건을 버리는 것에 대해 어려움을 느끼지만, 올바른 방법을 알면 불필요한 물건도 쉽게 처분할 수 있습니다. 여기서 중요한 것은, 그 물건을 어떻게 처리할 것인지에 대한 예의와 존중입니다.

일반적으로 불단, 신을 모셔 놓은 선반, 부적, 수주, 십자가와 로사리오와 같은 물건들은 종교적 상징성을 가지고 있어, 단순히 버리기 어려운 경우가 많습니다. 이럴 때는 해당 종교나 종파의 처리 방법에 따라 적절히 대처해야 합니다.

일부 종교에서는 이러한 물건들을 정중히 처리하는 의식을 거친 후에 처분할 수 있도록 안내하고 있습니다. 모르는 경우에는 해당 종교나 종파에 문의하여, 가장 적합한 방법으로 처리하는 것이 중요합니다.

부적은 보통 효력이 1년으로 제한되어 있습니다. 따라서 같은 부적을 몇 년 동안 계속 가지고 있는 것은 본래의 의미에 맞지 않습니다.

부적은 원래 받은 절이나 신사에 돌려주는 것이 기본입니다. 이를 반납이라고 합니다. 부적에는 받은 장소가 적혀 있으므로, 이를 확인한 후 해당 장소로 반납하면 됩니다. 만약 그 장소가 멀어서 직접 방문하기 어려운 경우에는 우편으로 반납해도 괜찮습니다.

이때, 운송 접수 여부는 각 절이나 관련 종교시설에 문의하여 확인하시기 바랍니다. 또한, 인근의 절이나 종교시설에서도 반납이 가능한 경우가 있으니, 참고하시기 바랍니다.

염주는 어디에서 구입했는지, 그리고 얼마나 공들여졌는지 부모님께 확인하는 것이 중요합니다. 기도가 끝난 염주는 공들여 사용된 것이기 때문에, 이를 처리할 때는 신중해야 합니다. 일반적으로 절이나 불단에서 불을 지펴 정화하는 방법이 권장됩니다.

직접 처분할 경우, 염주에 소금을 뿌려 깨끗하게 정리한 뒤, 흰색 봉투에 넣어 쓰레기로 처리하는 방법도 가능합니다. 다만, 정성껏 사용된 물건이므로 가능한 한 신중하게 다뤄야 합니다.

십자가나 묵주 등은 기본적으로 그대로 처분해도 무방하다고 할 수 있습니다. 왜냐하면 십자가나 묵주는 예배의 대상이 아니라 어디까지나 하나님을 예배하기 위한 도구이며 기독교에서는 사물에 영혼이 깃든다는 생각이 없기 때문입니다. 단, 흰 종이나 천에 싸서 놓으세요.

하나님이나 부처님과 관련된 것은 「처분같은 것을 하면 벌을 받지 않을까」라고 생각할 수 있습니다. 무엇보다도 소중히 하고 싶은 것은 「감사의 마음」입니다. 「그동안 지켜주셔서 감사합니다」라고 마음을 잊지 않도록 합시다. 가장 적합한 방법은 해당 종교에 문의하는 것이 좋습니다.

> ### 4. 취미로 쓰던 것은 다음 사람에게 양보한다

 기타, 거문고와 같은 악기나 뜨개질로 만든 물건, 그릇 등 취미 활동으로 만든 물건을 처분하는 일은 많은 사람들이 어려워하는 부분입니다. 이를 해결하기 위한 방법을 각각의 물건에 대해 소개해 보겠습니다.

1. 악기

 악기는 버리는 것이 아니라, 파는 것을 고려해 보세요. 중고 악기를 매입하는 전문 악기 매장이나 매입 전문업체를 찾아보세요. 또한, 인터넷에서 검색하거나 온라인 경매 사이트에 출품하는 방법도 유효합니다.

 수속이 번거로울 수 있지만, 생각보다 높은 가격에 낙찰될 수도 있으니 시도해 볼 가치가 있습니다.

 또한 벼룩시장이나 당근마켓을 통해서도 판매할 수 있습니다. 이를 시도해 보면 좋은 기회가 될 것입니다. 만약 악기가 망가졌거나 팔리지 않는 경우에는 대형 쓰레기로 처리해야 할 수 있습니다. 이 때는 해당 지역의 규정에 맞춰 처리하면 됩니

다. 대부분의 지역에서는 쓰레기 처리 기관을 통해 적절히 처리할 수 있습니다.

2. 취미로 만든 작품

뜨개질이나 그릇 등 자신이 만든 작품은 많은 사람에게 소중한 추억이 담겨 있기 때문에, 이를 버리는 것에 대해 거부감을 느끼는 경우가 많습니다. 부모님이 이에 대해 거부감을 보일 수 있는 것도 이해할 수 있습니다.

하지만 꼭 남기고 싶은 작품만 엄선하여 보관하고, 나머지 작품은 다른 사람에게 양도하는 방법을 고려해 보세요. 주변에 작품을 받아줄 사람이 있다면 선물하는 것도 좋은 선택이 될 것입니다.

또한, 작품을 만들 때 사용한 재료들(예를 들어 털실이나 점토 등)에 대해서는 같은 취미를 가진 사람들과 공유하거나 얘기해보는 것도 좋은 방법입니다. 만약 주변에 이와 관련된 사람이 없다면, 인터넷 경매 사이트를 활용해 보는 것도 좋은 아이디어가 될 수 있습니다.

또한, 업자에게서 매입한 돈은 반드시 부모님께 전달해 드리는 것이 중요합니다. 부모님이 「괜찮다」라고 하시더라도, 우선은 부모님의 손에 돌려드리는 것이 좋습니다. 때로는 「부모님이 괜찮다고 하셨는데?」라는 생각이 들 수도 있지만, 이는 주변의 오해를 방지하기 위한 조치입니다. 형제나 자매, 다른 친척들이 생전정리를 상속을 위한 준비로 자기만 이득을 보려는 것이 아닌가 의심할 수 있기 때문에, 부모를 위한 생전정리가 순조롭게 진행되지 않을 수 있습니다.

「우리 집은 괜찮다. 형제 모두 사이가 좋다」고 생각하더라도, 형제의 배우자나 다른 가족 구성원에게서 지적을 받을 수도 있습니다(실제로 그런 경우도 종종 발생합니다).

가정이 원활하고 조화롭게 유지되기 위해서는 부모님의 편안한 노후를 위해 신중하고 적절한 조치를 취하는 것이 중요합니다. 형제나 다른 가족 구성원의 입장을 이해하고 배려하는 것도 필요합니다.

5 조상대대로 전해 내려오는 물건은 각별한 주의가 필요

골동품류나 조상들의 위패와 영정 같은 물건들은 처분하기가 어려운 경우가 많습니다. 이러한 물건들은 가족에게 감정적으로 중요한 의미를 지닐 수 있기 때문에, 적절한 방법으로 다뤄야 합니다. 각각에 대해 살펴보겠습니다.

1. 골동품류

골동품은 그 가치가 높을수록 생전에 먼저 양도하는 것도 하나의 방법입니다. 왜냐하면 사망 후에는 상속세와 관련된 문제가 발생할 수 있기 때문입니다. (생전에 증여세의 대상이 되는 경우도 있습니다.)

이 때, 골동품 전문가나 취급 업체에 의뢰하는 것이 좋습니다. 골동품은 특별한 가치를 지니고 있을 수 있기 때문에, 그 가치를 제대로 이해하고 관리할 수 있는 사람에게 넘기는 것이 중요합니다.

때로는 「대단한 가치는 없겠지만…」이라고 생각했던 물건이 실제로는 보물이었던 경우도 있습니다. 이를 통해 팔아서 손에 들어온 돈으로 가족 여행을 떠나는 경우도 있습니다. 조상으로부터 물려받은 것은 최후까지 소중히 다뤄야 합니다.

2. 유영(영원한 사진, Eternal Photo)

유영(遺影:고인(故人)의 초상(肖像)이나 사진(寫眞))은 과거에는 집안 높은 곳에 장식하는 것이 일반적이었으나, 최근에는 지진 등의 위험을 고려해 작은 형태로 바꾸는 경우가 많아졌습니다. 유영 사진을 그대로 처분하는 것은 문제가 없지만, 심리적으로 거부감이 들 때는 흰 종이에 싸서 감사의 마음을 담아 보는 방법이 있습니다. 또 다른 방법으로는 절에서 불에 태우도록 부탁하는 것도 좋은 방법입니다.

조상 대대로 전해 내려온 물건을 처분하는 것은 쉽지 않지만, 주택 상황이나 환경에 맞춰 정리하는 것도 중요한 일입니다. 「현재의 상황에 맞는 새로운 형태로 전통을 이어간다」는 점을 부모님께 잘 설명하는 것이 필요합니다.

⇒ 6 큰 물건이야말로 과감하게 처분한다

생전 정리를 시작했지만 진전이 없는 경우, 큰 물건부터 정리하는 것이 효과적입니다. 큰 물건을 정리하면 방이 깔끔해지고 변화가 즉시 느껴지기 때문에 결단력이 생깁니다. 이로 인해 이후의 정리 작업이 더 원활하게 진행될 수 있습니다.

대형 쓰레기로 처리하는 것이 가장 경제적이고 간편한 방법입니다. 그러나 지자체마다 대형 쓰레기 처리 방식이 다르므로, 부모님이 거주하는 지역의 처리 방식을 반드시 확인해야 합니다. 이를 위해 지자체의 홈페이지 등을 참고하여 정확한 정보를 얻는 것이 중요합니다.

쓰레기 처분료가 해마다 오르고 있기 때문에, 신속한 대응이 필요합니다. 일부 업체는 대형 쓰레기를 무료로 수거해 주지만, 이러한 서비스가 점차 감소하는 추세입니다. 앞으로는 유료 처리 방식이 늘어날 것으로 예상되므로, 빨리 처리하는 것이 경제적입니다.

재활용 업체에 매입을 협상하는 방법도 고려해 볼 수 있습니다. 협상이 성공하면 좋은 결과를 얻을 수 있습니다. 또한,

집으로부터 물품을 무료로 수거해가는 서비스도 있지만, 이 경우 수수료를 부과하는 경우가 있으니 사전에 확인하는 것이 중요합니다.

　손이 많이 가지만 「귀찮다」라고 처분하지 않으면, 정리는 진행되지 않으니 큰 맘 먹고 과감하게 대처합시다.

→ 7 개인정보관련은 취급에 세심한 주의를

물건을 처분할 때에는 조심해야 할 것이 있습니다. 그것은 개인정보입니다. 개인정보는 악의적인 사람들에게 악용될 수 있기 때문에, 신중한 대처가 필요합니다.

1. 명부

동창회나 동호회의 명부와 같이 연락처가 포함된 명단은 악용될 가능성이 높기 때문에 가장 주의가 필요합니다.

문서세단기를 사용하여 처리하는 것이 가장 안전하지만, 문서세단기가 없는 경우에는 책자나 명부를 쓰레기 처리 업체에 의뢰하여 소각 처리하는 방법도 있습니다.

또한, 명단이 다량인 경우 상자에 담아 보내면, 해당 상자를 용해하여 처리하는 서비스도 이용할 수 있습니다. 이 서비스는 대량의 명단을 안전하게 처리하는 데 유용합니다.

2. 연하장 및 엽서

연하장이나 엽서에도 개인정보가 포함될 수 있어, 개인정보

유출을 방지하는 데 주의가 필요합니다. 주소나 이름뿐만 아니라, 얼굴 사진이 포함될 수 있기 때문에 더욱 신경 써야 합니다. 문서세단기를 사용하여 처리할 수 있지만, 손으로 하나하나 처리하는 작업이 번거로울 수 있습니다.

개인정보 보호를 위해 주소나 이름 등을 잉크로 가리는 「개인 정보 보호 스탬프」를 사용하는 것도 좋은 방법입니다. 또한, 연하장이나 엽서는 최근에 받은 것과 남겨두고 싶은 것을 제외한 나머지는 기본적으로 처분하는 것이 바람직합니다.

덧붙여 처분하기 전에는 주소와 성명 등을 리스트화해 두는 것이 편리합니다.

3. DM(다이렉트 메시지)이나 광고 전단지

DM이나 광고 전단지는 종종 간과하기 쉬운 물건입니다. 하지만 이러한 종이에는 주소, 전화번호, 회원 번호, 때로는 카드 정보까지 인쇄되어 있을 수 있습니다. 따라서 처분하기 전에는 개인정보가 포함된 부분을 확인하고, 이를 알 수 없도록 가려서 버리는 것이 중요합니다.

4. 급여명세서

급여명세서는 처분하지 않고 기록으로 보관하는 것이 좋습니다. 이 문서에는 사회보험 정보가 포함되어 있어 연금이나 건강보험 등의 정보를 증명하는 데 유용합니다. 사진을 찍거나 스캔하여 데이터화 해두는 방법도 좋은 선택입니다.

5. 명함

명함은 공적인 정보로 취급되기 때문에, 개인 정보에 대해 신경 쓸 필요는 없지만, 문서세단기를 사용하면 더 안심할 수 있습니다.

그러나 자신의 개인정보가 유출되면 친구나 지인에게도 피해를 줄 수 있고, 자기 자신이나 가족의 개인정보도 마찬가지로 신중히 주의해서 처리하는 것이 중요합니다.

물건을 처분하는 일은 결코 간단하지 않습니다. 많은 수고와 생각을 필요로 하며, 때로는 마음도 피로할 수 있습니다. 그러나 지금 바로 해두는 일이 향후 더 쾌적한 생활을 만드는 데 도움이 될 것입니다.「4가지 분류 구분법」을 활용하여 마음과 환경을 깨끗하게 정리해 보시기 바랍니다.

column 4
중요한 것은 일찌감치 새 주인을 정해두자

부유한 가정에서는 유품 정리가 더 많은 분쟁을 야기할 수 있다는 점을 여러 차례의 경험을 통해 알게 되었습니다. 「약간 부유한」 가정, 즉 「자산가까지는 아니지만, 돈에 그다지 불편하지 않은」 가정에서는 유품 정리가 원활하게 진행되지 않는 경우가 많습니다. 그 이유는 유품 중에 환금성이 높은 물건들이 많기 때문입니다. 이런 물건들이 유족들 간의 대립을 일으킬 수 있습니다.

이 대립은 「조금이라도 내가 이득을 취하고 싶다」 혹은 「아니, 내가 더 많은 이득을 보고 싶다」는 욕심과 욕심 간의 서로의 대립을 의미합니다. 이런 상황은 단순히 욕심과 욕심 간의 충돌로 그치지 않고, 실제로 분쟁이 일어날 수 있습니다.

어머님이 돌아가셨을 때 유품 정리를 도와드리러 갔던 경험을 말씀드리자면, 그날의 상황이 기억에 남습니다. 「이것은 엄마가 소중히 했던 추억의 가방이니까, 수중에 남겨 두고 싶어」 그런데 그 가방이 명품이었죠. 명품 전문 재활용점에 가져가면 좋은 가격을 받을 수 있는 물건이었습니다.

이 가방을 두고 고인의 친딸과 동생의 부인 사이에서 의견

충돌이 일어났습니다. 친딸에게는 어머니와의 소중한 추억이 깃든 물건이라 쉽게 버리거나 팔고 싶지 않았죠. 하지만 혈연관계가 아닌 며느리에게는 이 가방이 경제적인 가치를 지닌 물건으로, 팔면 좋은 가격을 받을 수 있는 물건. 같은 가방이라도 가치가 전혀 달랐습니다.

결국 어머니와의 추억이 가장 짙게 남아 있는 가방은 친딸이 인수하게 되었고, 그 물건을 두고 시작된 감정은 금세 복잡해졌습니다. 친딸은 그 가방을 금빛의 물건으로 보았기 때문에, 동생의 부인에 대해 고운 눈으로 보기가 어려워졌습니다. 이 후의 유품 정리 작업에서도 의견 충돌이 계속되었고, 물건 하나하나에 대한 가치는 그 물건이 가진 경제적 가치와 감정적 가치 사이에서 갈등을 일으킬 수 있음을 실감하게 되었습니다.

이 경험을 통해 유품 정리에서 중요한 점은, 물건의 경제적 가치를 넘어서 감정적 가치를 함께 고려하고, 미리 누가 어떤 물건을 가져갈지 정해두는 것이 얼마나 중요한지를 깨닫게 되었습니다.

column 4

「괜찮아, 우리 집은 옥신각신할 일은 없을 거야」라고 생각하실 수도 있지만, 이런 생각은 그때가 되어봐야 알 수 있는 일입니다. 실제로 유품을 정리하면서 가족 간에 갈등이 생기는 경우가 많습니다.

그럴 때는 이미 상황이 늦었다고 느낄 수 있습니다. 유품 정리가 가족 간에 불화를 일으킬 수도 있다는 점을 명심하는 것이 중요합니다. 그렇기 때문에, 부모님께서는 살아 있는 동안 미리 「이 물건은 누구에게 주고 싶다」는 의사를 분명히 밝혀두는 것이 좋습니다.

물론 부모님의 희망은 「친숙한 사람에게 주고 싶다」는 것이겠지만, 가능하면 평등하게 나누는 것이 갈등을 줄이는 방법이 될 수 있습니다. 더 나아가, 부모님에게 이를 문서로 남겨 받는 것도 좋은 방법입니다.

이렇게 하면 후에 가족 간의 불필요한 논란을 방지할 수 있고, 부모님의 의사를 정확히 따를 수 있어 유품 정리가 원활하게 진행될 수 있습니다.

제 5 장

「재산정리」는 최강의 상속 갈등대책
다음으로 「자산」을 정리한다

1. 부모님께는 많은 「재산정보」가 있다
2. 자산은 부모님 인생의 발자취
3. 「은행계좌 & 신용카드」는 적으면 적을수록 OK
4. 장래를 위해 반드시 확인해두어야 하는 「보험 & 연금」
5. 부채 정리는 마음의 부담을 덜어주는 것
6. 매달의 수입과 지출은 부모님의 현재를 알 수 있는 기회
7. 부모님의 미래를 지키기 위한 필수적인 암호, 비밀번호 관리
8. 가계도를 작성하여 상속 관계를 시각화한다
9. 유언장을 만들어 속마음을 형상화한다
제5장 컬럼 전문적인 일은 전문가에게 맡기세요

제5장 「재산정리」는 최강의 상속 갈등대책 다음으로 「자산」을 정리한다

1 부모님께는 많은 「재산정보」가 있다

생전정리를 하다보면 피할 수 없는 것이 돈입니다. 부모님에게 어느 정도의 자산과 부채가 있으며 매월 수입과 지출은 어떤 상태이며 금전에 관한 문제는 없습니까? 이런 정보를 정리하여 「가시화」하면 부모님의 향후 인생 설계를 더 쉽게 그릴 수 있습니다. 예를 들어, 불필요한 지출을 찾아 멈추면 여유 자금도 확보하고, 예전에 낮은 금리로 맡겨둔 정기예금이 있다면 더 유리한 금융상품으로 갈아타기를 검토하는 것도 가능합니다.

또한, 돈에 관한 정보를 미리 정리해두면 유산 상속과 관련된 갈등의 싹을 미리 잘라두는 것과도 연결됩니다. 게다가 자산과 부채를 명확히 파악하는 것은 「누구에게 무엇을 남길 것인가」를 생각하게 하는 계기가 되기도 합니다.

부모님의 유산 갈등을 초래하지 않기 위해서도 그 계기를 만들어둡시다.(이 장에서는 유언장에 대해서도 다루겠습니다) 돈에 관한 문제는 민감한 사안이라 말 꺼내는 것을 주저할 수 있지만, 이것 역시 부모님의 행복을 위한 중요한 과정이므로 부모님께도 이해를 구하고, 충분히 논의하는 것이 필요합니다.

2 자산은 부모님 인생의 발자취

우선 자산을 시각화해 나갑시다.

부모님의 자산을 시각화하면 재정상태를 명확하게 파악하고, 필요한 경우 적절한 재정관리를 할 수 있습니다. 이러한 과정은 부모님의 삶의 질을 높이고, 향후 발생할 수 있는 재정적 문제를 예방하는데 중요한 역할을 합니다.

자산은 현금(예적금)이외에, 부동산이나 유가증권, 대금(채권) 등이 있습니다. 예적금에 대해서는 다음 항목에서 다루기 때문에, 그것 이외에 대해서 어떻게 정리하면 좋은지 얘기해봅시다.

1. 부동산

부동산의 상속은, 상속세의 대상이 되는 경우가 많기 때문에 이에 대한 대비가 필요합니다. 또한 적지 않은 고정자산세를 누가 부담할지, 관리는 누가 할지, 옥신각신 하는 집은 적지 않습니다.

부동산은 크게 자가용 부동산과 투자용 부동산으로 구분

할 수 있으며, 우선 모두 적어봅시다. 119페이지에 있는 확인 시트를 활용하여 자산을 정리해 보시기 바랍니다.

▶ 자가용 부동산

일상생활에서 사용하는 부동산인 토지, 자택, 별장 등이 이에 해당합니다. 그러나 저출산과 고령화로 인한 인구 감소로 인해 부동산을 매각하는 것이 어려워지고, 시간이 흐를수록 자산가치가 떨어지고, 처분하는 데 돈이 들게 될 수 있습니다.

「(자신이 죽으면) 집(부동산)은 자식들에게 물려준다. 팔아도 좋고, 살아도 좋고, 하고 싶은 대로 하면 되는 시대는 더 이상 아닙니다. 상속포기의 방법도 있지만 어떻게 하면 진정한 의미에서 최선의 상황으로 만들 수 있을지 부모님과 함께 생각해 봅시다.

▶ 투자용 부동산

수익을 창출하기 위해 보유하는 부동산은 투자용 부동산에 해당합니다. 본가 외에도 부모님이 보유한 다른 부동산

확인 시트 (부동산)

◎ 물건의 종류

  □ 토지 □ 맨션 □ 건물 □ 전답 □ 단독주택
  □ 별장 □ 사무소 □ 기타 (   )

◎ 종류

  □ 소유재산
  (□ 임대재산 ◇ 계약자   관계   )

◎ 용도

  □ 자가용 (自家用) □ 투자용
  □ 자택
  □ 기타 (   )

◎ 명의

  □ 全소유 (100%) □ 공동명의 (지분   %)
  □ 기타 (   )

◎ 현주소 · 등기상의 소재지

◎ 대부 (loan) 의 지불 상황

◎ 상속시키고 싶은 사람이나 단체

에 대해 자녀가 알지 못하는 경우가 많아, 상속 시 대출금 상환 문제나 다른 관련된 문제들이 발생할 수 있습니다. 이 기회에 모든 것을 가르쳐 달라고 합시다.

어떤 부동산을 가지고 있는지, 각각의 부동산이 매월 어느 정도의 수익을 창출하고 있는지, 대출 상환이 남아 있는지, 관리비나 기타 지출이 얼마인지 등의 지출이 얼마인지도 정확히 가시화하여 정리해 두는 것이 필요합니다.

2. 유가증권

요즘에는 주식, 투자 신탁, 선물 거래 등 다양한 형태로 개인 투자자가 활동하고 있지만, 자녀들이 부모님의 투자 내역을 전혀 알지 못하는 경우가 많습니다. 이런 경우, 부모님이 돌아가신 후 유산 정리 중에 갑자기 발견된 증권 회사의 문서가 갈등의 원인이 될 수 있습니다.

유가증권과 관련된 사항은 특히 정리 절차가 복잡할 수 있기 때문에, 부모님이 보유한 주식이나 투자 관련 문서들을 미리 정리해 두는 것이 매우 중요합니다.

부모님이 보유한 주식에 대해 정리할 때는, 각 종목에 대한 구체적인 정보가 필요합니다. 주식의 종목명, 주식 수, 구입 시 주가, 현재 주가, 배당금 등을 일목요연하게 정리해 달라고 요청하세요.

이를 통해 주식이 현재 이익을 보고 있는지, 손실을 보고 있는지 정확히 파악할 수 있습니다. 주식 시장의 상황에 따라 빠른 대응이 필요할 수도 있으므로, 미리 정보를 가시화하고 상황을 점검해 두는 것이 중요합니다.

투자신탁도 마찬가지로, 구입액, 현재 가격, 연간 분배금 등을 확인해야 합니다. 선물 거래나 다른 투자 상품들도 확인하여 현재의 투자 상태를 점검하고, 필요하면 처분하거나, 더 유리한 투자처로의 우회가 가능하도록 정리합시다. 이를 통해 보다 효율적인 투자 환경을 조성할 수 있습니다.

3. 대금(채권)

특별히 파악해 두고 싶은 것은 대금(채권)입니다. 채권은 상속세의 대상이 될 수 있기 때문에, 부모님께 이를 미리 알리고, 채권 관련 사항을 정리하여 상속 시에 불필요한 문제가 발생하지 않도록 준비하는 것이 중요합니다.

제5장 「재산정리」는 최강의 상속 갈등대책 다음으로 「자산」을 정리한다

확인 시트 (주식 · 투자신탁)

◎ 증권회사명

    _____ 증권   _____ 지점

◎ 연락처 (담당자) : _____

◎ 종목 (거래하는 주식의 명칭) : _____

◎ 주식 수량 · 구좌수량 : _____

◎ 평가액 : _____

◎ 기타 : _____

_____

_____

◎ 상속시키고 싶은 사람이나 단체

확인 시트 (골프회원권 · 순금적립 등)

◎ 골프회원권　　☐ 유　　☐ 무

◎ 품목 :

◎ 취급처 :

◎ 명의인 :

◎ 수량 :

◎ 구입금액 :

◎ 평가액 :

◎ 기타 :

◎ 상속시키고 싶은 사람이나 단체

제5장 「재산정리」는 최강의 상속 갈등대책 다음으로「자산」을 정리한다

 부모님에게 빌려준 돈에 대해서도 반드시 확인해 두어야 합니다. 부모님이 돈을 빌려준 적이 있다면, 그 금액, 기간, 빌려준 이유를 물어보세요. 또한, 차용증이 제대로 관리되고 있는지, 그리고 상환 여부도 점검해야 합니다.

 때로는 상환이 밀린 경우나, 상대방이 이미 사망한 경우도 있을 수 있습니다. 이런 상황에서는, 아마도 부모님이 말을 꺼내지 못한 채로 고민하고 있을 가능성이 큽니다.

 이러한 문제를 미리 시각화하고 정리하면, 나중에 발생할 수 있는 상속 시의 불필요한 갈등을 예방할 수 있습니다. 부모님은 문제를 감추려고 할 수 있지만, 빨리 확인하고 해결하는 것이 중요합니다. 그러면 부모님도 걱정 없이 평안한 생활을 하실 수 있게 됩니다.

 이 외에도, 부동산, 유가증권, 대출금 뿐만 아니라, 현금, 예적금, 귀금속 등의 자산도 모두 정리하고 가시화해 놓는 것이 중요합니다. 이러한 자산은 상속 시에 모두 공개해야 하므로, 부모님에게 확인하고 정확한 정보를 얻어 두는 것이 가장 **빠르고 확실한** 방법입니다.

확인 시트 (대출금)

◎ 빌려준 금액 : _____

◎ 빌려준 상대

　이름 _____

◎ 대출일과 변제일

　대출일 _____ 년 _____ 월 _____ 일

　변제일 _____ 년 _____ 월 _____ 일

　이　자　　□유 _____ %　　□무

　차용증　　□유　　　　　　　□무

◎ 빌려준 이유 : _____

◎ 상속시키고 싶은 사람이나 단체

상속시키고 싶은 사람이나 단체

◎ 금·플래티늄 : _____

◎ 브랜드 시계 : _____

◎ 브랜드 시계 : _____

◎ 보석 : _____

◎ 반지 : _____

◎ 기타 : _____

제5장 「재산정리」는 최강의 상속 갈등대책 다음으로「자산」을 정리한다

→ 3 「은행계좌 & 신용카드」는 적으면 적을수록 OK

은행 계좌나 신용카드는 의외로 낭비를 초래할 수 있습니다. 여러 개의 계좌나 카드를 가지고 있으면 관리가 번거로울 뿐만 아니라, 불필요한 수수료나 연회비가 발생할 수 있습니다. 이를 정리하면 불필요한 지출을 줄일 수 있고, 잠자고 있는 돈도 찾아낼 수 있습니다.

각 계좌나 카드의 용도를 다시 점검하고, 더 이상 필요 없는 계좌나 카드는 정리하는 것이 중요합니다.

「티끌모아 태산」이라는 말처럼, 작은 금액이라도 모이면 의외로 용돈이 될 수 있습니다. 보물찾기처럼 계좌와 카드를 정리하는 기분으로, 과거에 잊고 있었던 자산을 찾아내고, 낭비를 줄여보세요.

1. 은행 계좌 (통장)

생전 정리를 도와줄 때, 가족들이 자주 만나는 경우는 바로 오래된 통장입니다. 이 통장들은 대부분 오랫동안 사용되지 않아 잠자고 있는 경우가 많습니다.

이렇게 방치된 통장은 10년 이상 사용되지 않으면 은행의 소유가 될 수 있기 때문에, 이를 해약하고 깔끔하게 처리하는 것이 중요합니다.

통장을 정리할 때는, 그 계좌에서 자동이체 내역도 함께 확인해야 합니다. 예를 들어, 수도, 전화비, 신용카드 이용요금 등이 어떤 계좌에서 출금되고 있는지 점검하고, 만약 여러 계좌에서 출금되고 있다면 이를 정리하여 한 계좌로 모을 수 있습니다. 이렇게 한 번에 처리하면 보다 편리하고 안심할 수 있습니다.

2. 신용카드

항상 사용하는 신용카드, 원칙적으로 2매를 제외하고는 모두 해약하는 것이 좋습니다. 신용카드는 기본적으로 빚을 내는 도구이므로, 적은 카드 수가 오히려 더 유리합니다.

또한, 연회비가 큰 지출로 이어질 수 있기 때문에 이를 체크하고, 불필요한 연회비를 낭비하지 않도록 주의해야 합니다.

특히 연회비 무료 캠페인에 유혹되어 카드에 가입했을 경우, 첫 해만 무료이고 다음 해부터는 유료가 되는 경우가 많습니다. 만약 카드의 혜택이 연회비에 걸맞지 않다면, 그 카드는 불필요한 지출을 초래하는 셈입니다.

대부분의 신용카드는 전화로 간단히 해지할 수 있습니다. 본인이 직접 해지 신고를 하면 절차와 시간을 절약할 수 있으므로, **빠르게 정리해두는 것이 좋습니다.**

은행 계좌나 신용카드를 정리함으로써 낭비되었던 자잘한 돈을 파악할 수 있고, 그 돈의 흐름을 알게 되면 향후 부모님에게 무엇을 해드려야 할지 더 명확히 알게 될 것입니다.

확인 시트 (예적금)

◎ 빌려준 금액 : _____

◎ 빌려준 상대

　이름 _____

◎ 대출일과 변제일

　대출일 _____ 년 _____ 월 _____ 일

　변제일 _____ 년 _____ 월 _____ 일

　이　자　　□ 유 _____ %　　□ 무

　차용증　　□ 유　　　　　　　□ 무

◎ 빌려준 이유 : _____

◎ 상속시키고 싶은 사람이나 단체

확인 시트 (신용카드)

◎ 카드 이름 : _____

◎ 발행회사 · 연락처 : _____

◎ 카드 번호 : _____

　연회비　□ 유 _____ 원 / 년　□ 무

◎ 기타 : _____

4 장래를 위해 반드시 확인해둬야 하는 「보험 & 연금」

가입한 보험과 연금에 대해서도 반드시 확인해야 합니다. 보험은 만일의 사태에 대비해 중요한 지원을 제공할 수 있으며, 연금은 중요한 자산으로 노후에 안정적인 생활을 보장합니다. 이러한 자산을 효율적으로 활용하기 위해서는 각 항목에 대한 세부 내용을 꼼꼼히 확인하는 것이 필요합니다. 각종 보험과 연금의 세부 사항을 점검하고, 관련 증서도 정리해 두는 것이 좋습니다. 확인 시트를 활용하여 각 항목을 차례대로 체크하면 더 체계적으로 관리할 수 있습니다.

1. 보험

부모님이 갑작스런 병이나 사고로 쓰러졌을 때, 보험이 어느 정도까지 커버할 수 있는지를 미리 아는 것은 매우 중요합니다. 보험 계약의 보장 범위와 보장 금액을 명확히 이해해 두면, 실제 상황에서 빠르고 정확하게 대처할 수 있습니다.

또한, 각 보험에 대한 보험금 수령 조건과 청구 절차도 미리 확인해 두는 것이 좋습니다. 이를 통해 예상치 못한 상황에서도 부모님의 경제적 부담을 덜어줄 수 있습니다.

부모가 교통사고를 일으켜 자동차 손해배상책임보험만으로는 모든 비용을 커버할 수 없는 상황에 처할 경우, 큰 불안감을 느낄 수 있습니다. 이를 방지하기 위해서는 보험 내용을 사전에 점검하고, 부모님의 현실적인 상황에 맞는 적절한 보험 상품을 선택하는 것이 매우 중요합니다.

또한, 보험 내용이나 보장 금액이 만족스럽지 않은 경우, 재검토를 통해 더 나은 보험 상품으로 변경하는 것도 좋은 방법입니다. 요즘은 보장이 확실하고 저렴한 보험 상품들이 많이 출시되고 있으므로, 이러한 상품들을 활용해 보다 안심할 수 있는 환경을 만들 수 있습니다.

또한, 생명보험의 지급 시점을 정확히 파악하는 것이 매우 중요합니다. 은행에서는 계좌 명의인이 사망하면 상속 분쟁을 방지하기 위해 일시적으로 계좌를 동결하여 현금을 인출할 수 없게 됩니다. 장례 비용은 대개 상당한 금액이 들기 때문에, 이를 생명보험으로 커버하는 것도 좋은 선택이 될 수 있습니다.

생명보험은 사망 시 보험금을 지급하여 장례비용이나 유언장 등을 마련하는 데 도움이 됩니다. 따라서 생명보험의 보장 범위와 지급 조건을 정확히 이해하고, 필요하다면 생명보험에 가입하는 것이 바람직합니다.

2. 연금

부모가 받거나 받을 예정인 연금의 종류를 파악하는 것은 매우 중요합니다. 국민연금 외에도 다른 연금이 있는지 여부를 확인해야 합니다. 연금 수첩의 보관 장소와 연금의 기초 번호를 알고 있으면 긴급한 상황에도 빠르게 대응할 수 있습니다.

또한, 연금의 지급 개시 연령에 도달하지 않은 경우, 연금을 받을 자격이 있는지 확인하는 것이 필요합니다. 미납된 요금 등이 있을 경우, 연금 수급 자격에 영향을 줄 수 있으므로 이에 대한 점검이 중요합니다.

최근 연금 관련 문제도 많이 발생하고 있기 때문에, 부모가 실제로 받을 금액이 올바른지 확인하는 것이 필요합니다. 이를 위해 부모의 급여 명세서를 참고하여 연금 지급액이 적절한지 점검할 필요가 있습니다.

확인 시트 (생명보험 · 공제 등)

◎ 보험회사명 : _____
◎ 종류나 상품명 : _____
◎ 담당자 : _____
　연락처 : _____
◎ 증권번호 : _____
◎ 보험금 수취인 : _____
◎ 보험금액

　사망시　　　　　　　　　　원
　의료　　　　　　　　　　　원
　기타　　　　　　　　　　　원

확인 시트 (손해보험)

◎ 보험회사명 : _____
◎ 종류나 상품명 : _____
◎ 담당자 : _____
　연락처 : _____
◎ 증권번호 : _____
◎ 보험금 수취인 : _____
◎ 보험금액 : _____ 원

제5장 「재산정리」는 최강의 상속 갈등대책 다음으로「자산」을 정리한다

　연금을 받기 위한 절차나 연금 수령처 계좌 개설 등도 반드시 확인해 두는 것이 중요합니다. 연금은 고령에 이르렀을 때뿐만 아니라, 중증 장애를 입거나 가족의 주 수입원이 사망했을 때에도 지급될 수 있습니다. 따라서 이러한 경우에도 연금을 받을 자격이 있는지 미리 점검해 두는 것이 필요합니다.

　보험이나 연금의 확인은 단순히 정보를 정리하는 것뿐만 아니라, 자산을 효율적으로 활용하고 만일의 사태에 대비하는 중요한 과정입니다. 이를 정리하면서 동시에 미래를 생각해야 합니다.

　지금은 인터넷을 통해 보다 유리한 정보를 쉽게 찾을 수 있는 시대지만, 부모 세대는 이를 활용하는 데 어려움을 겪는 경우가 많습니다. 당신이 대신하여 유리한 정보를 모아드리면 부모님께서도 매우 고마워하실 것입니다.

5 부채 정리는 마음의 부담을 덜어주는 것

부모의 빚(마이너스)과 자산(플러스) 상황을 명확히 파악하는 것은 매우 중요합니다. 부모의 대출금은 종종 자산 상태와 비슷하게 파악되지 않는 경우가 많아, 이를 미리 확인해 두는 것이 필수적입니다.

자산이 많다고 해서 안심할 수는 없습니다. 부모의 빚이나 부채 상황을 모른 채로 있으면, 실제로 플러스와 마이너스를 모두 따져본 후의 결과가 어떻게 될지 예측할 수 없습니다. 빚 역시 자식에게 물려지는 경우가 있기 때문에, 부모가 돌아가신 후에 발견된 부채를 자녀가 갚아야 할 수도 있습니다.

따라서 부모의 부채를 미리 확인하고, 이를 줄이기 위한 방법을 고려하는 것이 중요합니다. 부모의 재산과 부채 상태를 종합적으로 파악함으로써 가계 경제를 더욱 건전하게 관리할 수 있는 기반을 마련할 수 있습니다.

빨리 손을 쓸 수 있는 것이 있다면 그보다 더 좋은 일은 없습니다. 부채에는 단순한 빚 뿐만 아니라 다양한 대출도 포함됩니다. 주택융자, 자동차 론, 그 외 대출 종류는 모두 확인해야 합니다. 또한, 신용카드로 대출을 받는 경우도 있으므로, 신용카드 잔액이 빚이 되지 않도록 상환에 무리가 없는지, 과용하지 않았는지도 함께 체크해야 합니다.

또한, 제2금융권과 제3금융권에서의 대출도 반드시 확인해야 할 대상입니다. 부모님은 이러한 문제를 꺼리시겠지만, 만약 빚을 지고 있다면 가능한 한 빨리 대처하는 것이 중요합니다. 자산보다 부채가 많은 경우에는 상속을 포기할 수도 있다는 점을 알아두어야 합니다.

상속 포기를 원하는 경우에는 부모님이 돌아가신 후 3개월 이내에 가정법원에 신고해야 합니다. 상속 과정에서 당황하여 잘못된 판단을 내리지 않도록, 부채에 대해서도 확실히 점검하고 준비하는 것이 중요합니다.

확인 시트 (대출 · 기타 채무)

◎ 종류

☐ 주택대출 ☐ 자동차대출 ☐ 교육대출

☐ 카드대출 ☐ 개인대출 ☐ 기타 (   )

◎ 돈을 빌린 곳 :

◎ 연락처 :

◎ 대출일과 완제예정일

(대출일   년   월   일

~ 완제예정일   년   월   일)

◎ 담보

☐ 유 (내용 :   )

☐ 무

◎ 대출잔고 :   년   월 현재   원

제5장 「재산정리」는 최강의 상속 갈등대책 다음으로 「자산」을 정리한다

→ 6 매달의 수입과 지출은 부모님의 현재를 알 수 있는 기회

부모님의 수입과 지출을 정확히 가시화하는 것은 부모님의 재정 상태를 이해하고 보호하기 위한 것입니다. 예를 들어, 부모님이 월 수입을 초과하는 대출을 받고 있다면 이는 주의 깊게 살펴봐야 할 사항입니다.

통장 내역은 입출금 내역을 명확히 기록하고 있기 때문에, 이를 통해 부모님의 수입과 지출을 분석할 수 있습니다. 만약 지출이 수입을 초과하고 있다면, 이는 부모님의 재정 상태에 심각한 문제가 있음을 시사하는 것입니다.

이러한 정보를 바탕으로 부모님의 재정적 문제를 조기에 발견하고 적절한 대책을 마련할 수 있으며, 그로 인해 부모님의 재산을 보호하는 데 도움이 됩니다.

1. 수입

월급, 연금, 부동산 수입 등 들어오는 돈의 흐름을 정기적으로 확인하는 것이 중요합니다.

특히 비정기적이거나 일시적인 수입은 놓치기 쉬우므로, 부

모님의 통장 내역을 하나하나 꼼꼼히 대조하여 체크하는 것이 필요합니다.

2. 지출

수도, 광열비, 전화비(고정 및 휴대폰), 신문비, TV 수신료, 보험료, 신용카드 이용 요금 등 다양한 항목으로 구성된 지출 내역을 꼼꼼히 확인하는 것이 중요합니다.

특히, 신용카드 이용 내역은 카드사가 발행하는 명세서를 통해 확인할 수 있습니다. 종이 명세서는 유료일 수 있으므로, 웹 명세서를 무료로 제공하는 카드사의 경우 인터넷을 사용할 수 있는 환경이라면 웹 명세서를 이용하는 것이 더 효율적입니다.

매달 소비되는 금액의 흐름을 시각화하면 의심스러운 지출 항목을 쉽게 발견하고 절약할 수 있는 부분을 찾을 수 있습니다. 예를 들어, 신문 구독 비용은 직장에 다닐 때는 여러 종류를 구독해야 했을 수도 있지만, 은퇴 후에는 한 종류로 충분할 수 있습니다.

마찬가지로, 잡지 구독 비용도 재검토가 필요합니다.

또한, 더 이상 사용하지 않는 건강식품, 피트니스 클럽 회비, 관심 없는 취미 모임 회비 등도 점검할 수 있습니다. 이런 불필요한 지출 항목은 부모님과 상의한 후 필요 없다고 하면 양해를 구하고 해지하여 비용을 절감할 수 있습니다. 이를 통해 부모님이 더 자유롭고 효율적으로 돈을 사용할 수 있으며, 부모님에게도 안심감을 줄 수 있습니다.

일상적인 지출 내역을 부모님 외에도 다른 가족 구성원이 파악할 수 있도록 하는 것은 부모님뿐만 아니라 가족 전체의 안정에도 도움이 됩니다.

수입 · 지출 체크시트

◎ [수입]

☐ 정기적인 입금은 없는가?

☐ 큰 금액의 입금은 없는가?

◎ [지출]

☐ 정기적인 지출은 없는가?

☐ 신용카드의 지출액의 증감은 심하지 않는가?

☐ 큰 금액의 인출은 없는가?

☐ 현금 인출액의 증감은 심하지 않는가?

☐ 파악하고 있지 않은 명의의 인출은 없는가?

제5장 「재산정리」는 최강의 상속 갈등대책 다음으로 「자산」을 정리한다

> **7 부모님의 미래를 지키기 위한 필수적인 암호, 비밀번호 관리**

생활이 편리해지면서 많은 서비스들이 비밀번호나 패스워드를 요구합니다. 실제로, 많은 사람들이 여러 개의 비밀번호를 사용하고 있으며, 비밀번호를 알지 못하면 할 수 없는 것이 많습니다

1. 비밀번호

은행의 현금 카드와 신용 카드는 중요한 금융 거래를 보호하기 위해 비밀번호로 보호되고 있습니다.

바꿔말하면, 만약, 부모님이 치매나 기타 질병, 사고 등으로 인해 자신을 관리할 수 없게 될 경우, 아무도 손을 대지 못할 수 있다는 것입니다. 중요한 정보인 만큼 부모님도 알려주는 것을 망설일 수 있습니다.

만일의 경우를 생각해 미리 알아두는 편이 좋을 것입니다. 그렇게 하는 편이 장기적으로 보면 서로 안심할 수 있습니다. 진지하게, 제대로 설명하면 부모님도 이해해주실 것입니다.

참고로, 알려준 비밀번호가 생년월일이나 집 전화번호의 마

지막 4자리처럼 쉽게 추측할 수 있는 것이라면, 변경을 권하는 것이 좋을지도 모릅니다.

2. ID 패스워드

부모님이 인터넷을 사용하고 있다면, 그들의 계정 관리도 당신이 할 수 있도록 준비해 두는 것이 중요합니다. 부모님이 사용하는 서비스 공급 업체와 그들의 사용자 이름(user name), 로그인(login) ID 패스워드(password)를 미리 확인하고 관리하는 것이 필요합니다.

특히 은행이나 증권사 같은 중요한 계정은 상속에도 영향을 미칠 수 있으므로 이용하고 있는지 여부에 대해서 반드시 확인해 두어야 합니다.

부모님이 블로그나 소셜 미디어를 사용하는 경우도 있을 수 있습니다. 만약 질병이나 사고로 계정을 갱신할 수 없게 된다면, 그 계정들을 어떻게 처리할지 미리 확인해두는 것이 필요합니다.

삭제를 원할 경우, 로그인 패스워드 등이 필요할 수 있습니다. 또한 유료 사이트에 등록된 경우 불필요한 서비스는 정리하는 것이 좋습니다.

부모님이 알려준 비밀번호와 정보는 당신이 세심한 주의를 기울여 관리해야 합니다. 다른 사람의 눈에 띄지 않도록 주의해주세요.

부모님이 당신에게 중요한 정보를 전달한 것은 당신에 대한 신뢰에서 비롯된 것이므로, 그 신뢰에 부응하는 것이 매우 중요합니다.

비밀번호 · 패스워드가 사용되고 있는 것

◎ 비밀번호

▶ 은행의 현금 인출 카드

▶ 신용카드

◎ 패스워드 (ID)

▶ 인터넷 뱅킹

▶ 휴대전화 (스마트폰)

▶ 블로그

▶ SNS (페이스북 등)

▶ X(구 트위터)

▶ PC 본체

▶ 사이트 (유료 · 무료)

◎ 기타

▶ 메일 주소

제5장 「재산정리」는 최강의 상속 갈등대책 다음으로 「자산」을 정리한다

8 가계도를 작성하여 상속 관계를 시각화한다

지금까지, 돈에 관한 정보를 정리해 두었습니다. 통상적인 정리라면 이것으로 충분하지만, 생전정리에서는 한 걸음 더 나아가 상속과 관련된 사항을 고려해야 합니다. 왜냐하면 돈은 우리가 이 세상을 떠나면 가지고 갈 수 없기 때문입니다. 그래서 이 세상에 남기고 가는 돈은 모두 「상속」과 연결되어 있습니다. 상속관계의 시각화도 도모해 둘 필요가 있습니다.

부모에게 「내 유산은 누구에게 갈 것인가」는 큰 문제.

그런데 부모가 원하는 대로 유산을 분배하려면 나름대로 준비가 필요합니다. 그 중 하나가 「유언장」입니다. 유언장이 없을 경우에는 법률로 정해진 법정상속인이 다시 법률로 정해진 비율로 유산을 받습니다(147쪽에 상세).

「그럼 따로 시각화를 하지 않아도 되지 않을까?」라고 생각할지도 모르지만, 시각화를 함으로써 누가 상속의 권리를 가지고 있고, 누구에게 권리가 없는지 알 수 있습니다.

예를 들어, 아들의 아내가 너무 잘해줘서 「유산을 받았으면 좋겠다」고 생각해서 며느리에게도 전달했다고 합니다. 하

지만, 며느리는 법정 상속인이 되지 않습니다. 따라서 유언서가 없는 한 한 푼도 받을 수 없습니다.

친자인 아들이 이미 타계했다면 더욱 그렇습니다. 자신의 돈인데도 주고 싶은 사람에게 줄 수 없습니다. 이러면 부모님도 아쉬움이 남게 되버립니다.

〈참고〉 법정상속인과 상속의 비율에 대하여

상속의 대원칙은 혈연주의이고, 법정주의를 채택하고 있습니다. 이 부분은 한국의 실정에 맞게 정리한 것입니다. 혈연주의는 내가 죽으면 내 재산은 혈연에 의해 이루어지는 것이 상속이며, 상속을 받기 위해 가장 중요한 혈연 즉, 피가 통한 자만이 상속을 받을 수 있습니다.

◎ 법정상속인으로 되는 사람

배우자가 있는 경우, 배우자가 반드시 법정상속인으로 됩니다. (민법제1003조). 자녀(직계비속), 부모(직계존속), 형제

제5장 「재산정리」는 최강의 상속 갈등대책 다음으로 「자산」을 정리한다

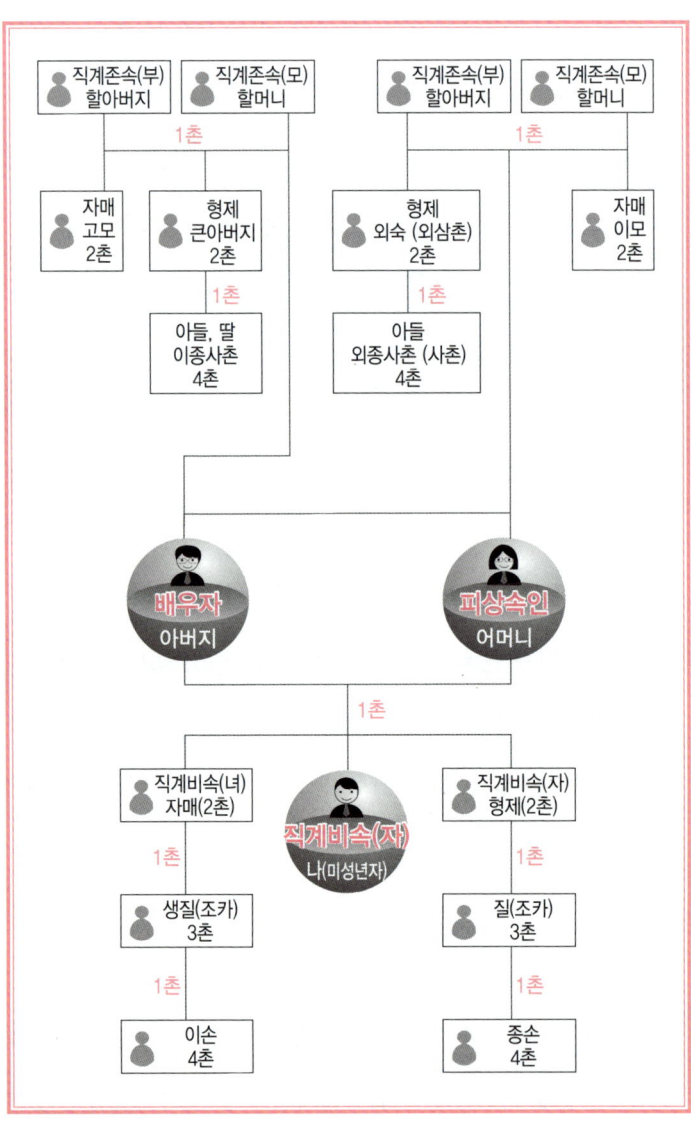

자매, 4촌이내의 방계혈족이 법정상속인이 됩니다. (민법제 1000조)

① 1순위: 배우자와 직계비속(자녀)

상속순위 1순위는 배우자와 직계비속(자녀)이 공동상속인으로 상속받게 됩니다. 공동상속인들은 균등하게 상속을 받되, 배우자는 50%를 가산해 받습니다.

즉, 1.5(배우자) : 1(자녀1) : 1(자녀2) : 1(자녀3)의 비율로 나눠야 함을 의미합니다. 따라서, 돌아가신 피상속인이 남긴 상속재산이 9억원이라고 가정했을 때, 전체비율의 합계는 1.5 + 1 + 1 + 1 = 4.5입니다.

배우자의 몫은 (1.5/4.5) × 9억원 = 3억원이 되고, 자녀의 몫은 (1/4.5) × 9억원 = 2억원이 됩니다. 따라서 배우자는 3억원을, 나머지 자녀 3명은 각각 2억원씩 상속받게 됩니다.

직계비속과 직계존속과 공동으로 상속을 받게 되지만, 항상 물과 피는 아래로 흐릅니다. 즉 상속의 우선순위는 직계존속(부모)보다 직계비속(자녀)부터입니다.

② 2순위: 배우자와 직계존속(부모)

자녀가 없다면 상속순위 2순위인 배우자와 직계존속(부모)이 받게 됩니다.

③ 3순위: 형재, 자매

직계비속, 직계존속, 배우자가 없을 때는 형제, 자매에게 상속분대로 받게 됩니다.

④ 형제, 자매(2촌)도 없을 때는 4촌 이내의 방계혈족에게 상속하게 됩니다.

⑤ 4촌 이내의 방계혈족도 없으면 국가에서 수용하게 됩니다. (민법제1057, 1058조)

상속비율 계산의 예시를 들어봅시다. 아버지가 사망하고, 배우자와 자녀가 있는 경우, 배우자는 0.5 가산되어 1.5, 자녀에게는 1로 상속비율은 배우자 60%, 자녀가 40%로 상속됩니다.

그렇다면, 재혼 가정에서의 상속은 어떻게 될까요? 각자 자기 자녀를 데리고 재혼한 경우, 내가 죽고나면 재혼한 배우자의 자녀에게도 상속이 될까요?

재혼 배우자와 이전 배우자 소생의 자녀가 있는 경우, 재혼 배우자의 자녀는 혈연관계가 없으므로 상속받을 수 없고, 배우자는 0.5 가산되어 1.5, 자녀에게는 1. 즉, 상속비율은 배우자와 아버지의 자녀가 60% : 40%가 상속됩니다. 단, 양자로 입양시에는 상속권 발생(친양자 입양제도)하여 상속이 가능합니다.

상속 중에 대습상속이라는 것이 있습니다. 추정상속인을 대신하여 그 사람의 직계비속이 재산을 상속하는 것을 말합니다. 즉, 아버지가 받아야 할 상속을 내가 대신 이어서 받는 것을 말합니다.

예를 들면, 손주가 태어나서 부모님이 안타깝게 교통사고로 같은 날 돌아가셨고, 할머니, 할아버지, 외할머니, 외할아버지가 계셨습니다. 어린 손주를 외할머니, 외할아버지가 키웠고, 할머니, 할아버지와도 잘 지내셨습니다. 그런데 안타깝게도 손주도 결혼하지 않은 상태에서 사망하게 되었다고 가정할 때, 혈연이 있는 외조부모까지도 상속이 가능하게 됩니다. 손주기

준으로 해서 외조부모와 친조부모 4명이 1 : 1 : 1 : 1로 상속을 받게 됩니다.

가계도를 작성하면 나에게 있어서 법정상속인은 누가 되는지, 유산이 누구에게로 가는지를 확인해보세요.「이것은 좀 곤란하다」라고 할 경우, 예를들어 손주 또는 자녀의 배우자에게 재산을 남기고 싶은 경우에는, 유언장을 적는 등의 대응이 필요합니다.

9 유언장을 만들어 속마음을 형상화한다

상속 싸움이라는 말이 있을 정도로, 상속에서의 갈등은 끊이지 않습니다. 서로 이익을 얻으려고 주장하며 큰 갈등을 겪다 보면 종종 가족이 붕괴되기도 합니다. 부모님의 의지에 따라 처리하기 위해서는 갈등을 최소화하고 당사자가 납득할 수 있는 상속을 실현하기 위한 효과적으로 분배하는 방법이 필요합니다. 그것이 바로「유언장」입니다.

부모님의 의지에 따라 유산을 분배하려면 유언장이 있는 경우와 유언장이 없는 경우에 따라 법률에 따라 법정상속인이 정해진 비율로 유산을 상속받게 됩니다. 법률로 정해진 상속분배는 부모님의 의지와 다를 수 있습니다.

예를들어, 며느리가 부모님을 잘 돌보고 있다면, 부모님은 며느리에게 유산을 주고 싶을 수 있습니다. 하지만 며느리는 법정상속인이 아니므로, 유언장이 없다면 며느리는 유산을 상속받을 수 없습니다. 만약 아들이 세상을 떠났다면 부모님이 원하는대로 상속분배가 이루어지지 않을 수 있습니다. 이러한 상황은 부모님에게 큰 마음의 상처를 남길 수 있습니다.

제5장 「재산정리」는 최강의 상속 갈등대책 다음으로 「자산」을 정리한다

민법에서 인정하는 유언장은 5가지는 자필, 녹음, 공정증서, 비밀증서, 구수 유언입니다. 이 중 우리가 활용할 수 있는 것은 대표적으로 자필증서 유언과 공정증서 유언입니다.

1. 자필증서 유언 : 직접 손으로 작성하는 유언

① 자필 유언장 작성 시 전체의 문장은 반드시 자필(自筆)로 써야 합니다. 수정 시는 새로 작성하는 것이 나을 수 있습니다.

② 날짜: 가장 마지막 날짜에 작성한 유언장만이 인정됩니다.

③ 주소: 유언을 남기시는 분의 주소로 자세하게 기입해야 합니다.

④ 이름을 자필로 기재해야 합니다.

⑤ 도장(반드시 인감도장일 필요는 없고, 막도장도 인정됩니다)을 찍어야 합니다. 서명은 비교 대상이 없어서 진위 여부가 불분명하기 때문에 안 됩니다. 가장 좋은 방법은 인감도장을 찍고 인감증명서를 첨부해 놓으면 됩니다.

참고로 유언장은 발견이 잘 되는 곳에 두어야 합니다. 유언장은 발견자가 가능한 한 **빨리**, 일주일 이내에 법원에

검인신청을 해야 합니다.

2. **녹음** : 녹음으로 남기는 유언

동영상 촬영은 녹음에 해당합니다. 목소리가 반드시 포함이 되어야 합니다.

유언자의 이름, 생년월일, 주소를 반드시 음성으로 녹음하고, 증인이 옆에서 증인의 정보(증인 이름, 주민등록번호)를 음성으로 밝히고, 유언자가 말한 내용을 옆에서 들었음이 녹음되어야 인정이 됩니다.

3. **공정증서 유언** : 공증인이 작성하는 유언 (가장 권장)

4. **비밀증서 유언** : 봉인된 상태로 제출하는 유언

5. **구수유언** : 위급한 상황에서 구두로 하는 유언

유언장은 작성자의 사망 이후부터 효력이 발생하기 때문에 유언장은 조건이 까다로운 민법에 서 정한 요건을 갖추어야 합

니다. 또한 유류분 침해 시 유언장이 있어도 소송이 발생할 수 있기 때문에 유류분을 침해하지 마시기 바랍니다.

가계도를 작성하면서「생명의 연결」을 가시화하는 것을 보았습니다. 부모는 2명이지만, 조부모는 4명, 증조부모가 되면 8명입니다.

이렇게 선조를 타고 올라가 보면, 10대(代)에는 2,046명, 20대까지 올라가면 209만 7,050명이 됩니다. 이렇게 조상을 거슬러 올라가면 수많은 선조들이 우리에게 이어지고, 그 엄청난 생명의 연장선 끝에 자기 자신이 존재하는 것을 알 수 있습니다. 함께 작업하면서 부모와 자식 간의 인연을 꼭 느껴보시기 바랍니다.

그리고 유언장에는 부언사항이라는 항목이 있어서 가족의 마음에 새길 수 있는 부모님의 희망을 전할 수 있으니 꼭 작성하는 것이 좋습니다.(제6장 6. 가족에 대한 희망을 들어둔다. 참조)

column 5
전문적인 일은 전문가에게 맡기세요

　돈에 관한 정보를 정리하다 보면 당황스러운 일이 많이 생길 수 있습니다. 이는 여러 전문적인 지식이 요구되기 때문입니다. 예를 들어, 2015년 1월 1일부터 상속세가 개정된 사실은 뉴스 등에서 알고 있을 것입니다.

　하지만 이것이 자신들과 어떻게 관련되어 있는지 제대로 파악되어 있는 분은 많지 않을 것입니다. 상속세는 「우리 집은 자산가가 아니니 상관없다」고 생각할 수도 있지만, 실제로 개정으로 인해 상속세를 지불하지 않으면 안 된다는 사실을 인지해야 합니다.

　이번 개정에서는 상속세의 대상이 되는 사람이 늘어나게 되어 있기 때문입니다.

　전문적인 지식이 필요할 때는 세무사나 변호사, 법무사 등 전문가에게 부탁하는 것이 좋습니다. 약간의 비용은 들지만, 스스로 처음부터 공부하는 수고와 시간을 생각하면, 비용 대비 효과는 현격히 다릅니다.

　예를 들어, 상속을 하는 것보다 생전에 증여를 하는 것이 세금 면에서 유리한 경우가 많습니다.

column 5

　전문가들은 이러한 조언뿐만 아니라, 구체적으로 어떤 수속을 취하는 것이 좋은지에 대한 실무적인 서포트도 제공해 줍니다. 시간과 노력을 절약하면서 효과적이고 적절한 조언을 받을 수 있기 때문에, 생전 정리에서는 전문가를 활용하는 것이 필수적입니다.

제 6 장

앞으로의 내 인생에 다채로움을 더하는 「엔딩 정보」
마지막 단계는 「정보」를 정리하는 것입니다

1. 알찬 삶을 살기 위해 들어두고 싶은 「엔딩 정보」
2. 「해 두었으면 좋았을 것」과 **후회하지 않기 위해** 해야 할 일
3. 주치의를 통해 부모님의 **건강을 지원**한다
4. 마지막까지 자기다워지기 위해 정해두고 싶은 **장례식에 관한 일**
5. 묘자리(납골) 장소를 미리 정해두면 **마음이 한결 가벼워진다**
6. 가족에 대한 **희망을 들어둔다**

제6장 컬럼 무소식이 희소식인...것만은 아니다!

1 알찬 삶을 살기 위해 들어두고 싶은 「엔딩 정보」

부모님에게 최고의 목표(goal)를 맞이하기 위해 「어떻게 살고, 최고의 종착점을 맞이하고 싶으신지」를 자연스럽게 물어보세요.

아직 이에 대해 구체적인 생각을 하지 않으셨다면, 먼저 목표를 의식하고 명확하게 그에 대한 이미지를 갖도록 도와드리는 것이 좋습니다. 이런 생각이 중요하다는 점을 인식하게 되면, 「엔딩 정보」를 정리하는 것이 훨씬 더 유효하게 작용할 수 있습니다.

「엔딩 정보」란 인생의 마지막 목표를 향해 확실한 발걸음을 내딛기 위한 정보를 의미합니다. 구체적으로는 「살아있는 동안 해야 할 일」, 「떠남에 앞서 결정해 둘 일」, 「떠난 후에 희망하는 일」로 나누어 생각할 수 있습니다.

1. 살아 있는 동안 해야 할 일

제 3장에서 소개한 「소원목록」을 활용하여, 우선 살아있는 동안 해두고 싶은 일, 해 두어야 할 일, 예를 들어 부모님의 소

원(다시 방문하고 싶어하시는 추억의 장소나 부모님이 만나고 싶어하는 사람들 등)들을 모두 목록화하여 적어보세요. 목록에 올린 항목들을 하나씩 이루어나가면 부모님과 당신의 인생은 더욱 충실해질 것입니다.

2. 떠남에 앞서 결정해 둘 일

또한 떠남에 앞서 미리 정해둘 것도 중요합니다. 이것은 바로 장례식에 관한 것입니다. 부모님이나 자신이 떠난 후에 어떤 방식으로 장례를 치르고 싶은지, 어디에서 장례를 진행할 것인지, 누구를 조문자로 초대할 것인지 등 장례에 관한 모든 희망 사항을 세세하게 적어두도록 합니다.

이렇게 미리 정해두기 작업은 갑작스러운 상황에서 가족들이 혼란스러워하지 않도록 돕고, 본인이 원하는 방식으로 마지막을 맞이할 수 있도록 합니다. 어디서 어떻게 장례를 치르길 원하는지, 누구를 조문자로 모실지 세세하게 희망사항을 적도록 합니다.

3. 떠난 후에 희망하는 일

부모님이 떠난 후에 남겨진 가족들에 대한 생각을 정리해 보겠습니다. 「형제들이 사이좋게 지내길 바란다」거나 「엄마를 잘 부탁해」, 「아빠를 잘 부탁해」와 같은 말은 부모님이 떠난 후 가족들에게 남겨지는 희망이 됩니다. 이런 마음을 유언장에 부언 사항에도 포함시킬 수 있습니다. 이렇게 부모님이 남기고 싶은 바램을 명확히 적어두면, 후에 가족들이 서로 더 쉽게 이해하고, 평화로운 관계를 유지하는 데 도움이 됩니다.

또한, 엔딩 정보는 부모님의 건강할 때 미리 행해야 합니다. 부모님의 건강이 악화된 후에 이러한 민감한 주제를 꺼내는 것은 매우 어려운 일이 될 수 있습니다.

예를 들어, 「어떤 장례식을 원하는가?」라는 질문은 그 자체로 힘든 주제일 수 있습니다. 따라서 부모님의 건강 상태가 좋을 때 이 문제를 다루는 것이 바람직합니다.

엔딩 정보를 정리해 두면 남은 인생이 더욱 충실해집니다. 「어떤 종착점을 맞이하고 싶은지」가 명확해지기 때문에, 불필요한 우회를 하지 않고 시간을 효율적으로 사용할 수 있습니다. 이로 인해 1분 1초의 시간이 후회가 적은 삶으로 이어지는 것입니다.

결국, 단순히 물건이나 재산을 정리하는 것을 넘어서, 남은 인생을 빛내는 중요한 과정이 생전정리입니다. 이를 위해 엔딩정보를 정리하는 것은 꼭 필요하며, 부모님의 바램을 정리하고 이를 실현할 수 있는 방법을 마련하는 것이 중요합니다.

엔딩정보 시트

아래의 3가지에 대해, 각각 부모님께 인터뷰하여 채워 봅시다.

◎ 살아 있는 동안 해야 할 일

◎ 떠남에 앞서 결정해 둘 일

◎ 떠난 후에 희망하는 일

제6장　앞으로의 내 인생에 다채로움을 더하는「엔딩 정보」마지막 단계는「정보」를 정리하는 것입니다

⊕ 2 「해 두었으면 좋았을 것을」하고 후회하지 않기 위해 해야 할 일

한 연예인은 어머니의 장례식장에서 눈물을 흘리지 않는가? 하는 인터뷰를 받은 그는 이렇게 말했습니다.「어머니의 죽음이 임박했다는 것을 알고 있었습니다. 그래서 어머니가 원하는 것은 무엇이든 해드리려고 했어요. 가고 싶었던 곳으로 모셔갔고, 먹고 싶었던 건 같이 먹었어요. 어머니께서도 매우 만족해하셨습니다. 할 만큼 했기 때문에 어머니는 행복한 마음으로 마지막 여행을 떠났습니다. 왜, 슬퍼할 필요가 있을까요?」

그 말을 듣고 나는 곧바로 이 말이 옳다고 생각했습니다.「만족스러운 삶이었다」고 본인도 만족하고, 주변도 만족하는 그런 행복한 결실을 맞이했으면 하는 바램이었습니다.

제가 유품정리를 하면서 만난 분들이 많지만, 많은 분들이 장례식 때 후회의 눈물을 흘렸다고 말합니다.「부모님께 더 효도를 하고 싶었다」,「부모님이 하고 싶어 했던 일을 하게 해드릴걸」. 그런 생각을 당신이 하지 않기 위해서라도,「소원목록」이 도움이 됩니다. 이 목록은 당신에게 지금부터 해야 할 일,

즉 「해야 할 목록(To do list)」을 의미합니다. 이 목록에 있는 항목을 하나씩 지워 나가면서, 아쉬움은 줄어들 것입니다.

소원목록은 단순히 미래의 계획을 세우는 것이 아니라, 현재 자신이 할 수 있는 일들을 실천하기 위한 중요한 도구입니다.

소망을 듣고, 부모님이 원하는 것을 이루어주기 위해 필요한 일을 미리 정리하고 실천하면, 후회가 남지 않고 서로 만족하는 삶을 만들어 갈 수 있습니다.

물론, 부모 자신의 삶에 대한 만족도도 높아집니다. 소원목록을 소화하기 위해서는 「기한을 정하고, 구체적인 행동에 넣어 가는」 것이 중요합니다.

예를 들어, 부모가 「피아노를 배워 보고 싶었다」고 말했다면, 이를 실현하기 위해 당신이 가장 먼저 할 일은 부모가 사는 지역의 피아노 학원 정보를 알아보는 것입니다. 그 다음으로는 고령자를 대상으로 하는지, 수강료는 얼마인지, 일주일에 레슨 횟수 등의 정보를 확인하는 것입니다.

그리고 부모와 상담하여 언제부터 다닐 수 있을지 상담하여, 실제러 실제로 레슨을 신청하고 견학에 참여합니다. 이런 식으로 항상 「구체적인 행동」을 의식해 나가야만 소원목록을 확실하게 소화해 나갈 수 있습니다. 소원목록은 항상 가지고 다니며 실천할 수 있도록 하고, 이렇게 작은 계획들을 실천해 나가면 부모님의 만족도는 물론, 당신의 삶도 더욱 의미 있게 채워질 것입니다.

나의 소원목록

아래의 세 가지 항목에 대해 인터뷰를 통해 채워 봅시다.

① 가고 싶어하면서도 방문하지 못한 장소

② 화해하고 싶지만 화해 못했던 사람과 사죄하고 싶은 사람

③ 하고 싶었지만 못했던 것

→ 3. 주치의를 통해 부모님의 건강을 지원한다

고령자가 외출 중 넘어져서 골절된 것이 원인이 되어, 은둔형 외톨이가 되는 생활이 되어 버렸고, 게다가 그 정도가 심해져서 치매에 이르는 경우가 있습니다. 한 가지의 사고가 도미노가 넘어지는 것처럼 다음의 사고를 부릅니다.

노인들의 일상에는 이러한 위험이 숨어 있습니다. 부모님이 일상생활에 지장을 받을 정도로 몸이 약해져 버렸을 경우, 어떻게 대응하고 지원할지를 미리 정해두는 것이 중요합니다. 부모님의 희망에 귀기울이면서 그 일에 대해서도 미리 정해둡시다. 미리 정해두었으면 하는 사항은 다음의 네 가지입니다.

1. 병원

부모님을 평소에 담당하시는 의사 선생님, 즉 「주치의」를 파악해 두는 것은 매우 중요합니다. 부모님을 잘 아는 주치의는 병이 심각해졌을 때 상담을 쉽게 할 수 있으며, 필요하면 전문 병원을 소개해줄 수 있습니다.

병원의 진찰권을 보면 어느 병원을 선호하는지, 진찰과목을 알 수 있으므로 이를 정리하면서 부모님의 주치의를 확인해 두는 것이 필요합니다.

2. 간병이 필요해졌을 때

간병이 필요하게 된 경우, 미리 대응 방안을 논의해 두는 것이 중요합니다. 부모님이 요양 시설을 이용할지, 집에서 간호를 받을지 결정해야 합니다.

시설을 이용할 경우, 어떤 종류의 시설을 선호하는지와 요구 사항을 고려해야 합니다. 다양한 요양 시설과 제공되는 서비스가 다르므로 신중하게 선택하는 것이 필요합니다.

3. 심각한 병에 걸렸을 때

부모님이 중대한 질병에 걸렸을 때, 의사로부터 「더 이상 회복 가능성이 없다」는 말을 듣는 순간은 가족 모두에게 감당하기 힘든 충격이 됩니다. 그때 연명치료를 계속할지, 혹은 중단할지를 결정하는 일은 가족에게도, 환자 본인에게도 큰 고통을 안겨줍니다. 이러한 상황을 미리 대비하여 작성할 수 있는 서식이 바로 사전연명의료의향서입니다. 사전연명의료의향서는

2018년 2월부터 시행된 연명의료결정법에 근거한 법적문서로, 만 19세이상 성인이면 누구나 작성할 수 있습니다. 본인이 원할 경우 연명의료(심폐소생술, 인공호흡기, 투석 등)와 호스피스에 대한 자신의 의사를 직접 기록해 두는 제도입니다.

이 문서는 반드시 정부가 지정한 등록기관에서 전문상담사의 충분한 설명을 들은 뒤 작성·등록해야 하며, 작성된내용은 국가가 운영하는 연명의료정보포털(www.LST.go.kr)에 등재됩니다.

(사)사전의료의향서실천모임은 보건복지부가 지정한 공식 등록기관으로, 전문상담사가 직접 찾아가 상담을 진행하는 서비스도 제공합니다. 따라서 국립연명의료관리기관이나 (사)사전의료의향서실천모임에 문의하시면 필요한 도움을 받으실 수 있습니다.

사전연명의료의향서를 작성하는 행위는 단순히「연명치료를 거부하겠다」는 선언이 아닙니다.

가족이 대신 결정하는 것이 아닌, 오직 환자 본인의 뜻만이 존중되어야 합니다. 삶의 마지막 장을 존엄하게 마무리하고자 하는 바람은 개인의 온전한 자기결정권에 기반해야 합니다.

많은 이들이 불필요한 연명치료 대신 삶의 품격을 지키는 마무리를 선택하고 있습니다.

이는 자신의 삶과 죽음에 대한 자기결정권을 행사하며, 삶의 마지막 순간까지 존엄을 지키고 고통을 최소화하겠다는 충분히 고민하고 내린 개인의 성찰이자, 능동적이고 아름다운 선택입니다.

4. 장기 기증에 관한 것

장기 기증 의사표시 카드를 통해 사후 장기 기증에 대한 의사를 미리 표시할 수 있습니다. 운전 면허증이나 건강 보험증 뒷면에도 장기 기증에 대한 의사를 표시할 수 있는 공간이 있으므로, 결정한 내용을 적어두세요.

어떤 상황도 생각하고 싶지 않겠지만, 결정을 내리는 것으로 최후를 안심하고 맞이할 수 있습니다. 다만, 이런 결정은 부모와 본인만의 결정이 아니라 다른 형제자매와도 상의하여 합의하는 것이 중요합니다. 부모님의 의사가 최우선이지만, 가족 전체의 의견을 고려하여 결정을 내리도록 합니다.

4. 마지막까지 자기다워지기 위해 정해두고 싶은 장례식에 관한 일

 최근 장례 방식이 다양해지고 있으며, 전통적이고 형식적인 장례를 원하지 않는 사람들이 늘어나고 있습니다.

 먼저 부모님께 장례식을 할지 말지를 물어보고, 장례를 진행할 경우 다음 세 가지 단계를 통해 구체적인 내용을 정리하는 것이 중요합니다.

1. 장례식의 내용을 고려한다

 부모님께서 원하는 장례식의 형태를 논의해 보세요. 장례비용을 얼마로 책정할지, 장례를 진행할 장소는 어디로 할지(병원, 절, 자택, 모임 장소 등)를 결정합니다.

 또한, 원하는 장례식 방식(예. 간소한 가족 중심의 장례식, 종교적 의식을 포함한 장례식 등)을 고려하여 부모님의 마지막을 어떻게 보내고 싶은지 구체적으로 정해 두는 것이 중요합니다.

 누구를 초대할 것인지(「소중한 사람 리스트」를 확인)와 어떤 장례식 형태로 진행할 것인지도 중요한 요소입니다. 특별히 원하는 사항이 없다면 큰 틀만 정해 두면 되지만, 「이러한 형태의 진행은 어때요?」라고 제안해 보는 것도 좋습니다. 예를 들어, 장례식장에서 흐르는 배경 음악을 부모님이 좋아하시는 곡으로 선택하면 분위기가 훨씬 달라질 수 있습니다. 일반적으로 장례식장에서 흐르는 음악은 슬픈 톤의 곡들이 많지만, 부모님이 즐겨 듣던 음악으로 분위기를 바꾸면 그들의 개성을 반영할 수 있습니다.

장례식은 고인과 마지막 작별을 하는 장소이기 때문에, 고인의 개성을 살린 연출이 참석자들의 마음에 깊이 남을 것입니다. 마음에 남는다는 것은 그 사람이 계속해서 기억됨을 의미합니다. 또한, 장례식에서는 고인의 프로필이 소개되는데, 이는 참석자들에게 고인의 삶을 전하는 중요한 부분입니다. 「멋진 인생이었다」고 느낄 수 있도록 프로필 문장을 미리 생각해 두면 좋습니다.

2. 상조회사를 비교 검토한다.

상조회사의 선택은 매우 중요한 요소입니다. 최소한 3개의 장례식장을 방문하여 서비스 수준을 확인해 보세요. 일부 상조회사는 상담회를 열기도 하며, 이를 통해 장례식에 필요한 총

비용 견적을 요청하고, 추가 요금이 발생하는지 확인할 수 있습니다. 답례품이나 요리의 질도 체크해보는 것이 좋습니다. 종합적으로 판단하여「여기면 안심이다」또는「이 담당자에게 맡겨도 괜찮겠다」는 결론을 내리세요. 또한, 관이나 유골함, 영구차를 직접 준비하는 것도 가능합니다.「내가 사용할 관이나 유골함은 내가 선택하고 싶다」는 의사를 미리 상의해 보세요. (한국에서는 주로 병원의 장례식장을 이용합니다.)

3. 관에 넣을 물건 정하기

관에는 고인이 천국으로 가져가고 싶은 물건을 넣을 수 있습니다. 가족 사진이나 좋아하는 음식, 마음에 드는 옷 등, 어떤 물건을 넣고 싶은지 미리 물어보고 결정하세요. 다만, 금속이나 유리제품, 타지 않는 물건 또는 타기 어려운 물건은 넣을 수 없으므로 주의해야 합니다. 저도 제 자신의 장례에 대해 세세한 부분까지 정해 놓았고, 그 결과 가족에 대한 부담을 덜 수 있었던 해방감 덕분에 마음이 매우 편안해졌습니다.

장례식의 내용은 한 번 정했다고 해서 변경할 수 없는 것이 아닙니다. 도중에 마음이 바뀌면 변경해도 문제없습니다. 유연하게 생각하는 것이 중요합니다. 또한, 이러한 내용은 비밀로 하지 말고 가족 모두와 공유하세요. 실제로 장례 때 발생할 수 있는 트러블을 예방할 수 있습니다. 최근에는 「생전장」을 치르는 사람들이 늘고 있습니다. 생전장(生前葬)이란 살아 있는 동안 스스로 장례를 준비하는 것을 말합니다. 일반적으로는 실제로 사망했을 때는 가족끼리만 장례를 치르는 경우가 많습니다.

그러나 생전장을 통해 지금까지의 삶에서 신세를 진 분들을 초대해 감사의 뜻을 표현하는 것이 가능합니다. 만약 장례식이나 세리머니를 하지 않을 경우에는 직접 화장터에 가야합니다. 이때는 가족이 동사무소를 방문해 「사망신고」를 제출하고 「화장터 허가증」을 받아야 합니다.

배송에는 화장 장소를 기입해야 하기 때문에 미리 화장할 장소를 정해 두어야 합니다. 부모님이 원하던 장례식을 치르려고 해도 준비나 절차가 안 되면 성사시킬 수 없는 경우가 있습니다. 따라서 사전에 준비를 확실히 해 두어야 합니다. 또한, 인터넷이나 전화를 통해 편리하게 상담해 주는 서비스도 있습니다.

장례에 관한 생전 정리 사전 준비

◎ Step 1 장례식의 내용을 생각한다
- ☐ 장례비용의 예산
- ☐ 장례식 장소 (장례식장, 사찰, 자택, 집회장 등)
- ☐ 친족 · 참석자의 예측 인원
- ☐ 종교인 준비 필요 여부
- ☐ 끝까지 요구하는 바램
- ☐ 장례식 스타일 (화장, 가족장등)
- ☐ 신앙하는 종파

◎ Step 2 장의사를 비교 검토한다
- ☐ 견적내용의 검토
  (장의사에 따라, 견적의 사양과 제시 비용이 다르기 때문에 주의)
- ☐ 장례비용 금액 차이
  (제단, 관, 사진, 드라이아이스, 장례용품, 반송료, 인건비, 베개장식, 헌화, 공물 등)
- ☐ 요리/답례품 금액 차이
  (밤샘요리, 사찰음식, 답례품, 음료비 등)
- ☐ 시설사용료의 금액 차이
  (장례식장 사용료, 화장료, 영안실료, 유골함 요금, 화장장 · 휴게실료 등)
- ☐ 기타비용 (시주, 팁 등 / 반드시 총액의 비용으로 비교 검토할 것)
- ☐ 답례품의 질 (사진이라도 좋으니 확인할 것)
- ☐ 요리의 질
- ☐ 장례식장

◎ Step 3 관에 넣을 물건을 결정한다
가족사진, 좋아하는 음식, 좋아하는 옷 등

5 묘자리(납골) 장소를 미리 정해두면 마음이 한결 가벼워진다

대대로 이어지는 가문 묘나 개인이 미리 준비한 묘가 있으면 좋겠지만, 부모님이 돌아가셨을 때 준비가 되어 있지 않으면 새로 묘를 준비해야 하고, 그 과정에서 수고와 비용이 꽤 들 수 있습니다. 이 때 묘를 누가 맡을 것인지, 또한 부모님의 유골을 누가 관리할 것인지도 분쟁의 원인이 될 수 있습니다.

부모님께서 이미 무덤을 사두었음을 알게 되는 경우도 종종 있습니다. 이러한 일을 미리 대비하고, 묘자리를 정해두면 이후에 불필요한 갈등을 예방할 수 있으며, 가족에게도 부담을 덜어줄 수 있습니다.

묘의 재판매나 이전은 간단하지 않으며, 이 역시 갈등을 일으킬 수 있는 원인이 됩니다. 부모님이 건강할 때, 어디에 묘를 두고 싶은지, 가족끼리 미리 이야기해두는 것이 좋습니다.

특히 조상 대대로 이어지는 선산에 묻히기로 할 경우, 「승계자」로서 해야 할 일이 따릅니다. 연간 유지비용이 얼마나 들고, 어떤 방식으로 유지해야 하는지 미리 확인해 두는 것이 필요합니다.

또한, 새로운 묘자리를 조성할 경우, 입지뿐만 아니라 장기적인 유지 방법에 대해서도 신중히 고려하여 결정하는 것이 중요합니다.

최근에는 전통적인 방식의 무덤에 들어가지 않는 선택을 하는 사람들이 늘고 있습니다. 유골을 무덤에 넣지 않고, 산이나 바다, 우주 등에 뿌리는 산분장이 인기를 끌고 있으며, 무덤을 세우지 않고 나무를 묘석으로 삼는「수목장」도 많은 사람들 사이에서 주목받고 있습니다.

부모님이 이런 선택에 대해 어떻게 생각하시는지, 미리 이야기해두는 것이 중요합니다. 사전에 이에 대한 의견을 나누어 두면, 후에 발생할 수 있는 혼란을 예방하고, 가족 모두가 이해하고 준비할 수 있는 기회를 가질 수 있습니다.

확인 시트 【성묘】

◎ 묘지소재지 :

◎ 관리처 :

◎ 연간 유지비 :   원

◎ 지불 방법 (언제, 어떻게) :

◎ 법회를 의뢰하는 절 (사찰명, 연락처) :

◎ 시주 금액 기준

◎ 물납 :

◎ 기타 :

6 가족에 대한 희망을 들어둔다

마지막으로는「떠난 후에 희망하는 것」입니다. 부모님은 자녀가 몇 살이 되어도 여전히 여러 가지로 걱정을 하는 법입니다. 가족끼리 잘 지내고 있는지, 건강을 잘 챙기고 있는지, 일이 잘 풀리고 있는지 등을 늘 걱정할 것입니다.

이런 걱정은 결국 자녀들에게「이렇게 되었으면 좋겠다」는 희망에서 비롯된 것입니다. 부모님의 심정을 헤아리기 어려울 수도 있지만, 이는 자녀들(손자, 손녀 포함)에 대한 소중한 희망이 담긴 기회입니다. 함께 가족에 대한 부모님의 희망을 들어보세요.

그리고 그것을「부모의 소원」으로 받아들이세요. 부모님의 소원을 당신 혼자만이 아니라 형제자매와 가족 모두가 마음에 새길 수 있다면, 부모님의 생전 정리는 일단 완료됩니다.

부모님의 생전 정리는 부모님 혼자만으로는 결코 할 수 없습니다. 부모님의 생전 정리는 당신의 협조와 참여가 있어야만 비로소 완성될 수 있습니다. 하나하나의 과정을 소중히 여기며, 좋은 삶을 살아가도록 나아가세요.

column 6
「무소식이 희소식인....것만은 아니다!」

「설마 아버지가 돌아가시다니..」 고개를 숙이며 중얼거린 것은 50대 중반의 남성 의뢰자였습니다. 아버님이 갑자기 돌아가셔서, 그 유품 정리를 의뢰해 오셨습니다. 아버지 방을 함께 찾아 작업을 하던 중, 남성은 후회가 가득 담긴 목소리로 다음과 같은 말을 했습니다.

「아버지는 멀리 사셨고, 저도 일이 바빠 본가에 자주 갈 수 없었습니다. 손자의 얼굴도 제대로 보여주지 못했죠. 무엇보다 속상한 것은, 아버지의 몸이 이렇게 약해져 있었다는 사실을 전혀 알지 못했다는 것입니다. 이렇게 저를 키워주셨는데도, 저는 무엇 하나 효도를 제대로 못했습니다...」

방 안에는 의사로부터 처방받은 약들이 산더미처럼 쌓여있었고, 아버님이 중병을 앓고 계셨다는 사실을 한눈에 알 수 있었습니다.

아버님은 돌아가시면서 아들에게 그 사실을 알리지 않으셨습니다. 바쁜 아들에 대한 아버님의 배려였겠지만, 아들에게는 그것이 너무 충격이었고 완전히 낙심하고 있었습니다. 저도 그 모습을 보며 마음이 아팠습니다. 「무소식이 희소식」이라는 말이 있습니다. 연락이 없는 것은 건강한 증거라는 의미인데, 과연 정말 그럴까요? 오히려 소식이 없는 것은 부모가 자식에게 걱정을 끼치지 않으려는 마음에서 오는 경우도 많지 않을까요? 이런 생각을 하게 되면서, 저도 그의 마음을 조금 더 이해하게 되었습니다. 사실은 부모님이 소식을 전하고 싶어 하고, 자식의 얼굴을 보고 얘기하고 싶으셨던 것이라는 걸 깨닫게 되었습니다.

「모두 같이 한 식탁에서 식사를 하고 싶다」는 마음이었겠지만, 자녀가 바쁘다는 사실을 알고 계시고, 귀성에는 시간과 돈이 많이 든다는 걸 잘 아셨을 겁니다. 불필요한 부담을 자녀에게 주고 싶지 않아서 소식을 전하지 않는 부모님을 종종 만나왔습니다. 그런 부모 마음을 받아드리는 것은 언젠가, 앞서 말한 남성처럼 큰 후회를 초래하게 됩니다. 부모님이 돌아가신 후에, 아무리 전하고 싶은 마음이 있어도, 해드리고 싶은 것이 있어도, 그것을 이룰 수 없습니다.

column 6

    그러나 이런 부모님의 마음은 어릴 때는 이해하기 어려웠지만, 나이가 들면서 그 의미를 점차 절감하게 되었습니다.

    따라서 부모와 함께 생전 정리를 하는 것은, 부모님의 「말로 표현할 수 없는 마음」을 찾아가는 시간이기도 합니다. 앞으로 후회하지 않기 위해서라도, 하루라도 빨리 부모님이 건강하실 때 생전 정리를 시작합시다.

제 7 장

정리 후 더 나은 삶을
살기 위해 필요한 것들

1. 남아 있는 시간을 의식한다
2. 부모님께 감사의 마음을 전하고, 인생의 응원자가 된다
3. 「부모님의 소원목록 (버킷리스트)」 일정표를 만든다
4. 부모님의 상황을 파악하는 「4가지 키워드」
5. 리바운드를 막는 「쇼핑 5원칙」
6. 부모님도, 당신도 「후회 없는 인생」을 살기 위해

제7장 정리 후 더 나은 삶을 살기 위해 필요한 것들

⊙ 1 남아 있는 시간을 의식한다

생전 정리 어드바이저로서 오랜 시간 동안 많은 분들의 이야기를 들으며 상담을 해왔습니다. 그 중 가장 자주 받는 질문은, 생전 정리를 마친 후 어떻게 해야 할지에 관한 것입니다. 그것에 대해 저는, 생전정리가 끝난 뒤에는「부모님과의 소중한 추억을 만드는 시간을 보내세요」라고 말씀드립니다.

왜냐하면 부모님은 나이가 들수록 신체도 점점 움직이기 어려워집니다. 즉, 함께 즐겁게 보낼 수 없게 되는 날이 오기 때문입니다.

「부모님에게 효도하고 싶을 때에는 부모님은 안 계신다」

이 말을 듣고, 가슴이 먹먹함을 느끼는 사람이 많겠지요. 모든 사람은 반드시 죽음을 맞이합니다. 당신과 부모님과의 소중한 시간도 언젠가는 반드시 마지막을 맞이하게 됩니다. 그 때 아무리 후회해도 시간을 돌이킬 수 없다는 것을 우리는 이미 알고 있습니다. 그렇기 때문에 후회 없이「그때」를 맞이하기 위해 남겨진 부모와의 시간을 의식하며 후회없이 그 순간을 잘 지내야 합니다.

이 장에서는, 「부모님의 생전정리를 마친 후」의 보내는 방법에 대해 이야기해 보겠습니다.

7장에서는 「부모님의 생전 정리를 마친 후」 어떻게 지내야 하는지에 대해 이야기하려 합니다. 집을 정리한 후에도 생활하다 보면 또 물건이 늘어나거나 기분이나 생각이 바뀌거나 할 수도 있습니다.

그럴 때 어떻게 하면 좋을지, 해야 할 일을 알고 있으면 더 기분 좋게 보낼 수 있습니다. 제한된 시간을 잘 활용하여 의미 있는 삶을 만들어가세요.

제7장 정리 후 더 나은 삶을 살기 위해 필요한 것들

◎ 2 부모님께 감사의 마음을 전하고, 인생의 응원자가 된다

생전 정리를 한 것으로, 당신은 어떤 깨달음을 얻었을 것입니다. 그 깨달음은 「부모님이 헌신적으로 살아왔기 때문에 지금의 내가 여기서 살아가고 있다」라는 확고한 사실입니다.

만약 부모님을 만나지 않았다면, 만났다고 해도 결혼하지 않았다면, 결혼했더라도 아이를 가질 생각을 하지 않았다면…

그렇게 생각을 하다 보면 자연스럽게 감사한 마음이 생기지 않습니까? 감사의 마음은 「고맙습니다」라는 말로 꺼내어 전합시다.

마음속으로 중얼거리는 말로는 상대에게 닿지 않습니다. 입 밖으로 꺼냄으로써 비로소 상대에게 전달되는 것입니다. 당신의 마음을 제대로 부모님께 전달해 보도록 합시다.

당신의 마음을 부모님께 진심으로 전해보세요. 그리고 그 감사한 마음을 전하고, 부모님을 응원해주세요. 「부모님의 남은 인생을 응원합니다」라고 말해도 제대로 전달되지 않을 수 있습니다. 그러면 말을 조금 바꿔보세요.

「부모님의 소원 목록(버킷리스트)」을 이루기 위한 행동을 실천하는 것이 응원의 방법입니다. 앞서 언급한 것처럼, 부모님의 소원 목록에서 하나씩 항목이 줄어들면 부모님의 남은 삶이 더욱 의미 있고 알차게 흘러갈 것입니다. 그러므로 「부모님의 소원 목록」에 적힌 것들을 실현하는 데 도움을 주는 것이 바로 응원이 됩니다. 할 수 있는 일부터 좋으니 하나씩 하나씩 실현시켜 봅시다.

감사와 응원.

그것은 과거와 미래에 긍정적인 영향을 미치게 될 것입니다. 부모님께 힘이 되어드리는 응원을 꼭 해주세요!

제7장   정리 후 더 나은 삶을 살기 위해 필요한 것들

3 부모님의 「소원목록(버킷리스트)」 일정표를 만든다

지금까지 많은 경험을 통해 확실히 알게 된 것이 있습니다. 그것은 「언젠가」라는 말은 결코 현실이 되지 않는다는 것입니다. 「언제 언제까지 한다」라는 기한을 정하기 때문에, 하고 싶은 것을 할 수 있고, 꿈도 이루어지는 것입니다.

한 두가지 미뤄둔 일은 없나요? 부모님의 소원 목록을 실현하는 것도 마찬가지입니다. 기한을 정하고 구체적인 행동으로 나아가지 않으면, 그 언제까지도 이룰 수 없습니다.

즉, 부모님의 남은 삶을 더 풍요롭게 만드는 데 도움을 줄 수 없게 되는 것입니다. 이대로라면 부모님의 소원은 「불효목록」으로 바뀌어버릴 수도 있습니다.

이를 피하기 위해서는, 생전 정리를 마친 후 「소원목록」에 적힌 것들을 하나씩 점검하고, 할 수 있는 것부터 순서대로 계획을 세워서 차근차근 진행해야 합니다. 부모님의 남은 일들을 하나씩 해결해 나가세요. 「언젠가 할게」가 아니라, 오늘부터 바로 움직이기 시작합시다!

4 부모님의 상황을 파악하는 「4가지 키워드」

생전 정리를 함께 진행하면서, 당신의 「부모님」이 고민하기도 하고 괴로워하기도 하고, 때로는 즐거운 일이나 기쁜 일을 경험하며 오늘까지 살아온 「한 사람」임을 알게 되어, 이해도 깊어졌을 것입니다.

생전정리로 부모와 자식 간의 새로운 관계가 형성된 분도 많이 계시지 않을까요? 실제로, 부모의 생전 정리를 마친 사람들은 보다 더 양호한 부모-자식 관계를 구축하고 있습니다.

당신도 부디 자주 부모님과 연락을 취해 주시기 바랍니다. 당신이 부모님을 보살피고 응원함으로써 부모님의 삶이 더욱 충실해지기 때문입니다. 이때 다음의 4가지 포인트를 의식하여 대화를 나누는 것이 좋습니다.

1. 기쁜 일

「요즘 좋은 소식 있었어요?」라는 식으로 얘기를 꺼내보세요.

「얼마 전에 몇 년 만에 ○○씨랑 만나기로 했어」

「친구들이 내 방이 예쁘다고 칭찬해줬어」

등의 대답이 돌아오면「잘 됐네요. 다행이네요」라고 반드시 긍정적인 반응을 보여주세요. 기쁜 일을 이야기하는 것은 즐거움을 주고 활력도 됩니다.

2. 즐거운 일

「무슨 즐거운 일 있었어요?」라고 물어보세요.

「기쁜 일」과 비슷한 대답일 수도 있지만,

「○○ 씨랑 온천에 다녀와서 즐거웠어」

「최근에 걷기를 시작해서 기분 좋게 땀 흘리고 있어」

「기쁜 일」이나「즐거운 일」의 내용이 매번 달라지면, 그만큼 하루하루가 더욱 풍성하고 다채로울 거예요.

「그거 다행이네요」라고 당신이 기쁘게 반응하면, 부모님도 기뻐하시고 하루하루를 즐기려는 마음이 생길 것입니다.

3. 걱정되는 일

「뭔가 걱정되는 거 없어요? 어떤 작은 것이라도 좋으니까 말해 봐요」라고 친절하게 물어보세요. 만약 부모님께서 답이 잘 안 나온다면,「컨디션은 괜찮아요?」,「사람들과 교제에 어려움은 없으세요?」 등 너무 집요하지 않도록 여쭤봅시다. 만약 「좀 컨디션이 좋지 않네」와 같은 답변이 나온다면, 일찌감치 의사에게 모시고 가는 등의 대응을 해주세요.

이 때 말투도 확인하시면 밝은 어조로 「없어 없어 무슨..」라고 말할 때와, 「……괜찮아. 걱정할 것 없다」라고 약간 무거운 어조로 말할 때는, 분명히 상황이 다를 것입니다. 걱정거리가 되는 싹은 일찌감치 잘라 두는 것보다 더 좋은 것은 없습니다.

4. 해 주었으면 하는 일

「뭐 해줬으면 하는 거 있으세요?」라고 물어보세요. 도울 일이 있으면 주저하지 말고 말씀해 주세요. 자녀가 「뭔가 도와드릴까요?」라고 물어보면 역시 부모님은 기뻐하실 것입니다.

말을 걸어주는 것만으로도 효도입니다. 「○○가 하고 싶으니까 좀 도와줘」라고 하시면 최대한 힘이 되어 드리세요.

이 네 가지 포인트를 염두하면 부모님의 변화를 쉽게 느낄 수 있고, 변화를 알아차렸을 때는 기쁘게 받아들이고 응원해 주시고, 좋지 않은 변화를 느꼈을 때는 부모와 자식으로서 더욱 좋은 관계구축을 위해 주저하지 말고 바로 대응하세요.

→ 5 리바운드를 막는「쇼핑 5원칙」

생전 정리는 한 번 하고 끝나는 것은 아닙니다. 매일 건강한 생활을 유지하기 위해서는 일상적인 마음가짐과 행동이 필요합니다.

마치 다이어트에 성공해도 방심하고 다이어트 예전의 생활습관으로 돌아가 버리면 체중이 다시 증가하는 것과 마찬가지로, 생전정리도「리바운드」가 발생할 수 있습니다.

예를 들어, 물건을 정리하고 불필요한 것들을 버렸는데, 알고보니 부모님 집안이 다시 지저분해지는 상황을 경험할 수도 있습니다.

리바운드를 막기 위해서는「쇼핑 5 원칙」을 활용하는 것이 중요합니다.

제4장에서는「필요하다」,「필요하지 않다」,「망설임」,「이동(추억)」의 네 가지 분류로 물건을 나누어 정리하고 처분하는「4가지 분류 구분법」에 대해 이야기했습니다.

실제로「필요하지 않다」로 분류된 물건을 나도 모르게 사버려서 리바운드하는 사람이 꽤 많습니다. 이러한 습관이 자리를

쇼핑 5원칙

◎ 원칙 1. 「쓸 물건만 산다」

사용하는 용도가 명확한 물건만을 삽니다. 혹시나 한정품이나 특별한 할인 등에 현혹되지 않도록 주의합니다.

◎ 원칙 2. 「둘 곳이 없으면 사지 않는다」

무엇을 사고 싶다고 생각하면, 이를 구매하면서 어디에 보관할지 고려합니다. 보관 공간을 확보하지 않았다면 구매할 필요가 없습니다. 원하는 물건을 구매하기 전에 이미 보유하고 있는지 여부를 확인하고, 보관 공간을 마련한 후 구매합니다.

◎ 원칙 3. 「충동구매로 사지 않는다」

충동적인 구매는 후회의 원인이 될 수 있습니다. 잠시 생각을 멈추고 신중하게 생각해보는 습관을 갖도록 해야 합니다.

◎ 원칙 4. 「유행이라고 한 들 사지 않는다」

이미 지나간 유행을 되돌아보면, 그때의 유행은 오래가지 않는다는 것을 알 수 있습니다. 유행이 지나가면 필요 없어지는 물건이 많습니다. 이를 고려하여 구입 여부를 결정합니다.

◎ 원칙 5. 「남과의 비교로 사지 않는다」

다른 사람이 가지고 있는 것에 영향을 받지 않습니다. 자신만의 가치관에 따라 구매 결정을 내립니다.

제7장 정리 후 더 나은 삶을 살기 위해 필요한 것들

잡으면 바꾸기가 어려워집니다. 리바운드를 피하기 위해서는 「필요하지 않은」 물건을 사지 않는 노력이 필요합니다.

「쇼핑 5 원칙」을 의식하면 불필요한 물건을 사지 않게 되며, 또한 낭비를 줄여 경제적인 측면에서도 여유를 가질 수 있습니다. 뿐만 아니라 생활 공간을 넘치게 차지하는 물건으로 인해 마음에 부담을 느낄 수 있습니다.

집이 깔끔하면 마음도 개운하게 변화되어 전반적으로 삶의 질이 향상됩니다. 그러므로 「쇼핑 5원칙」을 항상 의식하도록 노력해주세요.

→ 6 부모님도, 당신도 「후회 없는 인생」을 살기 위해

부모님의 정리는 결국 자녀인 당신 자신의 정리가 되기도 합니다. 유품 정리 현장에서 유가족들로부터

「좀 더 친절하게 얘기할 걸」,

「좀 더 자주 만나러 갈걸」,

「더 효도할 수 있었을 텐데」라는 후회의 목소리와 함께,

「왜 정리도 안 하고 떠났어요?」, 「죽어서까지 힘들게 하네」, 「뭐가 어디 있는지 전혀 모르잖아?」라는 분노의 말도 많이 들립니다.

이러한 후회와 분노는 불필요한 스트레스와 갈등을 초래할 수 있습니다. 그래서 부모님과의 소중한 시간을 미루지 않고, 미리 준비하고 정리하는 것이 중요합니다.

부모님이 건강하실 때부터 생전 정리를 시작하고, 그 과정에서 더 많은 대화를 나누며 효도를 실천하는 것이 후회 없는 삶을 위한 길입니다. 부모님도 자녀도 후회 없는 인생을 살아가기 위해서는, 지금 당장부터 조금씩 정리하고 준비하는 습관을 가져야 합니다.

제7장　정리 후 더 나은 삶을 살기 위해 필요한 것들

　부모님이 돌아가신 후에는 아무 것도 할 수가 없습니다. 자식의 그 어떤 목소리도 부모님에게 전달할 수가 없습니다. 지금 당신의 눈앞에는 확실히 노후를 맞이하고 있는 부모가 있습니다. 집안은 물건으로 넘쳐 있어서 정리가 필요한 상태입니다. 이 책을 손에 쥐고 계신 당신이라면, 어떻게 해야 할지 알 것입니다. 할 수 있는 일을 생각하고 하루빨리 부모의 생전 정리를 시작합시다.

　그리고 생전 정리를 통해 부모와의 새로운 추억을 만들고, 부모가 남긴 소원목록을 실현하는 데 도움을 드리세요. 당신 자신의 소원목록에「효도」가 남아 있지 않기를 바랍니다.

맺음말

마지막으로 끝까지 읽어 주셔서 감사합니다.

지금까지 많은 고객들을 만나고, 정리 작업을 함께 해왔습니다. 유품정리를 함께 하는 경우도 많았고, 그럴 때마다 슬픈 마음이 들곤 합니다.

유품이 된 물건들을 마주하며 어쩔 줄 몰라 하는 유가족, 시간이 없어서 대부분의 물건을 버려야 하는 상황에서 울음을 터뜨리는 유가족, 부모가 치매를 앓아 자식을 알아보지 못해 슬퍼하는 가족들이 있습니다.

대부분의 분들이 후회의 말을 남깁니다. 저는 그런 분들의 슬픔을 느낄 때마다, 그들의 힘들어 보이는 표정을 볼 때마다 진심으로 마음이 아픕니다.

좀 더 일찍 만날 수 있었더라면, 부모님이 건강할 때에 함께 생전 정리의 중요성을 전할 수 있었더라면, 힘들지 않게 잘 보내드릴 수 있었을텐데..라고 여러 번 생각했습니다. 그래서 조

제7장　정리 후 더 나은 삶을 살기 위해 필요한 것들

금이라도 더 많은 분들에게 생전 정리에 대해 전하고 싶습니다. 그리고 후회가 적은 삶을 사셨으면 좋겠습니다. 그런 마음으로 이 책을 집필했습니다. 생전 정리는 알고 있는 것과 모르는 것은 하늘과 땅 만큼의 차이가 있습니다.

이미 이 책을 읽으신 분들은 이를 잘 이해하고 계실 것으로 생각합니다만, 생전 정리는 죽음에 대한 준비가 아닙니다. 사후의 일을 고려하기도 하지만, 그것은 앞으로의 인생을 더욱 충실하게 만들기 위한 과정입니다.

부모님과 함께 생전 정리를 하는 이유는, 과거, 현재, 그리고 남아있는 부모님의 삶을 깊이 고민함으로써 정말 중요한 것들을 알 수 있기 때문입니다. 생전 정리의 사고방식과 그 방법을 알았었더라면, 더 늦기 전에 할 수 있는 일들이 무척 많이 있었을 것이고, 그로 인해 후회도 줄었을 것입니다.

부디 하루라도 빨리 부모님 집 정리를 시작하시기 바랍니다.

생 전
生前정리 어떻게 할 것인가? 이 책 한권으로 안심!
ⓒ 2025 by YUSONGJAE

지은이 오오츠 타마미 (Tamami Otsu)
옮긴이 정은실
1판 1쇄 펴낸날 2025년 11월 14일
펴낸이 정은실
펴낸곳 유송재

출판신고 제 2025-000052호
대표전화 0507-1460-7278
Fax   0504-187-7278
홈페이지 https://www.yusongjae.com
E-mail   yusongjae811@gmail.com
ISBN   979-11-994333-0-4
가격   18,000원

이 책의 한국어판 저작권은 YUSONGJAE를 통해 저작권자와
독점 계약한 유송재에 있습니다.
저작권법에 의해 한국 내에서 보호를 받는 저작물이므로
무단 전재와 무단 복제를 금합니다.

TITLE by Author Oya no Ie no Katadukekata
Copyright © Tamami Otsu, 2015
Illustration © Poteco Akahoshi
All rights reserved.
Original Japanese edition published by ASA Publishing Co., Ltd.
Korean translation copyright © 2025 by YUSONGJAE
This Koean edition published by arrangement with ASA Publishing Co., Ltd.
Tokyo and YUSONGJAE